Bullet Journal

「箇条書き手帳」でうまくいく

はじめてのバレットジャーナル

Marie 著

Discover

こんなことはありませんか？


「やることがいっぱいありすぎて、管理しきれない！」

「自分がやりたいことは、いつも二の次になってしまう……」

「大事なことをメモしたはずなのに、探しても見つからない……」

「いろんな手帳を試してみたけれど、私に合うものがない！」

「手帳に書くことがないと、なんだか不安になる……」

「箇条書き」ですべてを書き出すだけの
バレットジャーナルは、

NOV-29 TUESDAY ☼

・ キャンセルNG.
☑ Gカレンダー入力
→☐ ロキソニン買う
–☐ モバイルバッテリー 検討
☑ 手帳見直し
B☐ 多読チャレンジ
~~☐ Pebble ボイスメモ探す~~
☑ 明日紙コップ
~~☐ 明日PDFプリント~~

NOV-30 WEDNESDAY

☐ モバイルバッテリ検討
☐ ダイニングテーブルをきれいに保つ仕組み
♡ 朝いろいろできた
・ごはんたき ・ごみ準備
・鍋洗い ・テーブルみがき
・前髪切る ・そうじき
・ Spaceman 読み始めた
☑ PCデータ消去方法しらべる
☑ PC引取業社しらべる
・ 3. Magic Tree House 32

そんなあなたの、強い味方です!!

PROLOGUE

バレットジャーナルは、私の人生をよくしてくれる相棒

部屋も頭の中もごちゃごちゃだった私

子どものころから忘れ物が多く、注意散漫。1つのことに夢中になると、ほかのことがまったく見えなくなるたちです。

整理整頓が苦手で、少し気を抜くとすぐに部屋は雑然としてしまいます。

家計簿をつけることにも何度か挑戦しましたが、最後のページまで続いたためしがありません。

頭の中はいつも、「これをしなくちゃ！」「あれをしたい」「何を読もう」「おもしろいことを思いついた！」「このやり方を、仕事に取り入れてみよう」「今月の学校行事は何日だったかな？」などなど、いろんな思いがカテゴライズされないまま、ぐるぐると渦巻いている状態です。

はじめまして、Marieと申します。

私は、本業の仕事とは別に、「Mandarin Note」という語学学習やガジェットに関するブログを運営しています。プライベートでは2児の母。

いま思えば、もともと整理整頓が苦手な私が、家族4人のことに加えて、仕事のこと、ブログのことなどを、頭の中だけできっちり管理しようとしていたのは、かなり無謀だったのかもしれません。

「**やらなければならないこと**」**が管理できない**！

そんなふうに頭の中が整理されないまま暮らしていても、上の子が2歳くらいまでは、まだなんとかなっていました。

ところが、子どもたちを保育園に預けて外で働きはじめたころから、多方面でミスを連発するようになりました。保育園のお弁当の日のことも、夫のスーツをクリーニングに出しておかなければならないことも、すっかり忘れて直前に思い出して大あわて……、の繰り返しです。

大事な予定はリビングのカレンダーに書いていて、目には入っている。なのに、準備ができず、気づいたときにはもう手遅れ、ということもしょっちゅう起こっていました。

「さすがに、これはまずい！」と危機感がつのった私は、手帳を肌身離さず携帯し、こまめにメモを取るようにしました。

バレットジャーナルとの出会い

いつもそばに置いているノートに、とにかく何でも書き込む。そして、書いた内容を確認するくせがついてくると、「やり忘れ」の数が徐々に減っていきました。

こうして、ふだんの暮らしを少しずつ上手に回せるようになると、今度は新しい欲が出てきます。

山ほどある「やらなければならないこと」の中に、なんとか「やりたいこと」を組み込みたい――。

ぜいたくな悩みなのかもしれません。でも、小さな子どもたちと生活をしていると、「時間は有限である」ということを、いやというほど思い知らされます。限られた時間の中で、自分のやりたいことをするための時間を見つけるには、どうしたらいいだろうか。

私は、そのための時間を確保しようと、家事や仕事を効率化するための手がかりを、自分がつけた記録の中に探しはじめました。

記録を残すことの大切さを理解しはじめたちょうどそのころ、偶然ネットで「バレットジャーナル」(Bullet Journal) という手帳術があるのを知りました。
2013年ごろ、「Lifehacker」の記事だったと記憶しています。

なかでも、

- 1冊のノートで、スケジュールやプロジェクト、やることリストや備忘録のすべてを「箇条書き」で管理できる
- 市販のスケジュール帳のように、一日分のページ分量が均等に割り当てられていないので、多く書く日があっても書かない日があってもOK。書きたいだけ書けるので、ストレスなく運用できる

この2つの特徴が気に入った私は、さっそくバレットジャーナルを自分の手帳に取り入れることにしました。

staple
suspension
integrity
diploma
contingency
partition
quota
fluctuation

JUN-21 SUNDAY

◎ 11:00- カフェ
B ☑ memrise と画像検索
・ 2uknow 英検1級
♡ 15:00- 美容院
oxford Bookworms 図書館にあった
・ お野菜届く
・ サンダル 5,200円
・ からあげ・サラダ
☑ 明日印カン

JUN-22 MONDAY ☼

♡ 狗賓童子の島 飯嶋和一 読了
☑ 豚バラかたまりを塩こうじでつける
☑ Oxford Factfiles 音源保存
・ ギョウザ・大根サラダ・キャベきゅう浅漬

JUN-23 TUESDAY ☁

♡ タイカレー・揚げじゃが
・ 子供カギ忘れ
☑ ルンバONして出
ビーフン・ソーセージとポテトのスープ カボチャ炒め
・ paradox, realm, annals, compound, tinge
・ badger, implore, drudgery, interminable,
perceive

JUN-24 WEDNESDAY ☁

・ 鹿の王
♡ じゃがバタ、タラコマヨ
☑ スイッチ 調べる 品番 W5051
・ laconic, throng, intrepid, accost, reticent
☑ 単発英語バイトの件、Mさんに連絡

スケジュールややることリスト、メモもすべて「箇条書き」に！

もはや、私の人生になくてはならない存在に

バレットジャーナルでは、「箇条書き」と「キー」という記号を使ってタスクやスケジュールを管理します。この形式は、思いのほか私の暮らしになじみました。

それまでの私は、市販の手帳を買っても半年続けばいい方だったのですが、バレットジャーナルは気がつけば3年以上も続いています。

年に2〜4冊のペースでノートを使っている計算になりますから、私にとってはちょっとした事件です。

バレットジャーナルにタスクやスケジュール、その他もろもろを書き出していくと、ごちゃごちゃだった私の頭の中が本当にすっきりするのを感じます。

また、バレットジャーナルはどんなノートでも運用でき、好きなキーや構成をつくりながら自分仕様にカスタマイズできるので、私自身の変化にも柔軟に

対応してくれます。

家族が増えたり、働き方が変わったり、新しい趣味や目標ができたりと、ライフスタイルはさまざまに変わります。それでも変わらずに、私の生活の中にいてくれるバレットジャーナル。

もはや、私の暮らしをよりよくつくり変えていくための、よき相棒となってくれていると言っていいでしょう。

本書では、このバレットジャーナルのつくり方、使い方の基本についてお話ししていくとともに、私が試行錯誤してきたノートの使い方をご紹介していきます。

特に、私のような注意散漫で忘れっぽい人に、少しでもお役に立つことがあればいいなと願っています。

CONTENTS

PROLOGUE

第1章

まずは、最低限の基本をおさえましょう

バレットジャーナルのつくり方、はじめ方

第2章

私は、こんなふうに使っています

ちいさなくふうで、ストレスフリーの毎日

第3章

なんでも書き出しておけば安心！ あわてない！ つくると便利な「コレクション」アイデア集 …… 113

COLUMN

第4章

EPiLoGue

バレットジャーナルをはじめて、いちばん私が変わったこと。

・「バレットジャーナル」は、ライダー・キャロル氏が考案したものです。
・本書は、著者が自主出版したKindle書籍『ちいさなくふうとノート術』に、バレットジャーナルについての記述を大幅に加筆して出版するものです。

Bullet Journal chapter

第1章

バレットジャーナルのつくり方、はじめ方

まずは、最低限の基本をおさえましょう

no. 01

「バレットジャーナル」とは？

みなさんは、「バレットジャーナル」(Bullet Journal) という手帳術のことをどこかで目にしたことがあるでしょうか？

はじめて聞いたという人も少なくないと思います。

バレットジャーナルはアメリカ発祥のもので、日本では2014年ごろから徐々に知られるようになってきました。

バレットジャーナルの「バレット」(ビュレット) とは、箇条書きの先頭につける点「・」(Bullet Point) のこと。箇条書きと記号を活用して、タスクやスケジュール、メモなどを効率的に管理できる手帳ということで、「バレットジャーナル」と名づけられました。

SEP-4

× Mさんに連絡
○ 19:00- 塾の面談
> クリーニング取りに行く
< 子供のスニーカー買いに行く → 今週末
・ ランチお店決める
— 明日21:00 映画TV放映

パレットジャーナルは箇条書きと記号（×、○、>、<、・など）
ですべてを管理します

「Prologue」でもお話ししたように、整理整頓が苦手で、家族4人の暮らしの管理に苦労していた私が、2014年にバレットジャーナルの存在を知ったことで、家庭のマネジメントも少しずつうまくできるようになりました。

それ以来3年間、自分仕様にカスタマイズしながら使い続けています。

ひょっとしたら、インスタグラムなどのSNSに、イラストやマスキングテープを使った、カラフルでアーティスティックなページ写真が投稿されているのを見て、バレットジャーナルを知ったという方もいらっしゃるかもしれません。

今では、「自分の好きなものを、好きなように全部盛り込める、手書きの自作手帳」といったイメージでその名を知られるようになっていますが、本来は「紙とペンだけで暮らしをマネジメントする」ことを目的とした、とてもシンプルな手帳術なのです。

この章では、バレットジャーナルの真骨頂ともいうべき、そのシンプルな手帳術についてお話ししていきます。

no.02 学習障害による困難を克服するために考案されたシステム

バレットジャーナルは、ニューヨーク在住のデジタルプロダクトデザイナーであるライダー・キャロルさんによって開発された、ノートによるスケジュール・タスク管理システムです。

ライダーさんには学習障害があり、集中力を欠きがちなために、学校生活に困難を感じることが多かったといいます。大事なことを即座にとらえ、ひと目ですぐに理解できる記録のしかたを試行錯誤し続けた結果、でき上がったのがこのバレットジャーナルというシンプルなシステムなのです。

no.03 ふつうのノート・メモ帳がスケジュール帳になる

バレットジャーナルは基本的に、思いついたことをとどめておくためのツールです。

はじめるために必要なのは、好きなノート1冊とペン1本だけ。

イラストを上手に描く才能も、ページをスタイリッシュにレイアウトするセンスも必要ありません。

ここからは、開発者のライダー・キャロルさんが提唱するバレットジャーナルのメソッドにのっとって、そのはじめ方をご紹介していきます。

no.04 まず、ノートとペンを選ぶ

最初にやるのは、ノートを選ぶことです。薄いものでも厚いものでもかまいません。

どんなノートを使ってもＯＫです。

いつも携帯しやすいサイズを選ぶのが続けるコツです。私は、Ａ６サイズのハードカバーを使用していますが、小さめのノートでも十分運用できます。

ペンもお好きなものを。小さいサイズのノートだと、細いペン先の方がたくさん書き込めます。私が使っているのは、ユニボールシグノの超極細０・28ミリです。

表紙にはお気に入りのステッカーを貼っています

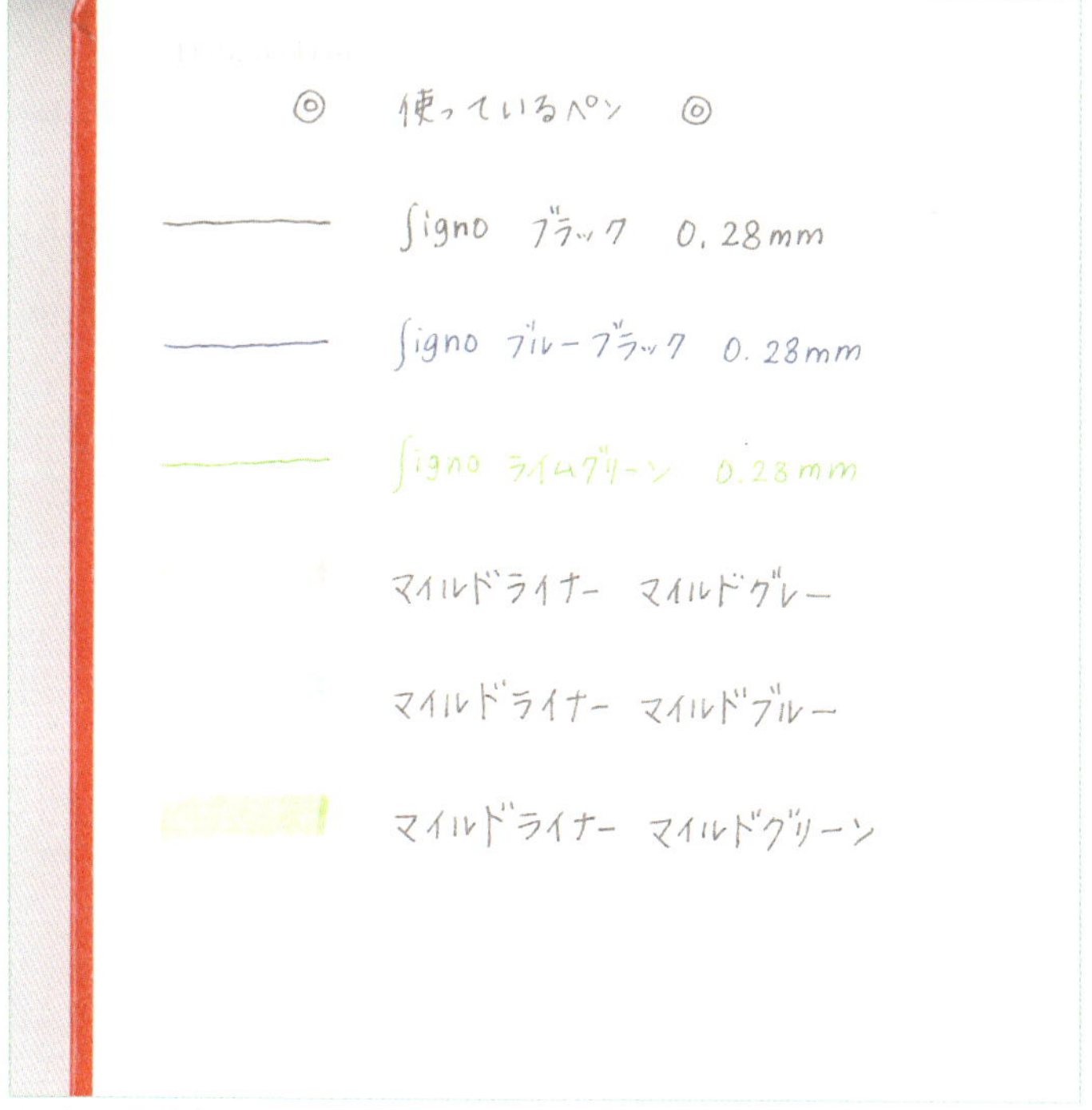

ノート：ロイヒトトゥルム1917

no.05

バレットジャーナル 4つの基本構成

バレットジャーナルは必要最低限、

❶インデックス（目次）
❷フューチャーログ（半年分の予定を書く）
❸マンスリーログ（月間予定を管理）
❹デイリーログ（一日の予定・タスクを管理）

の4つの構成単位（モジュール）から成り立っています。
それぞれについて、簡単に見ていきましょう。

❶ インデックス

バレットジャーナルの最初のページには、インデックス（目次）ページを設けます。

このインデックスページに、タイトルとそのページ番号を記入しておくと、過去に書き込んだ内容に素早くアクセスすることが可能になります。

本の目次と同じイメージです。４ページ分ぐらいを確保しておきます。

いちいちインデックスのページをつくるのは、面倒だと感じるかもしれません。

でも、同じテーマを扱うページがノートのあちこちに散在することになっても、このインデックスを参照すれば、情報を見失うことなく、しかも素早くアクセスできるようになるのです。

▶ INDEX ◀

JULY	9-34
AUG	37-54
SEP	55-78
OCT	79-108
NOV	109-

いいこと起こったリスト	1-3
光熱費メモ	4
買物リスト	5
WISH LIST	7
単語リスト	31-32、83-86
BOOK LIST	41-42
給与、有休残	90
WPプラグインLIST	~~10~~ 111

①インデックス

❷ フューチャーログ

数か月後の予定や、やるべきこと・やりたいことなどを書き込むスペースです。見開きページに、横に3分割する線を2本引いて、6つのマスをつくります。1マスが1か月分のスペースなので、見開きの2ページに半年分の予定を書き込むことができます。

❸ マンスリーログ

月間予定を管理するページです。カレンダーとタスクリストを兼用しています。

左側ページに月間カレンダー、右側ページにその月のタスクリストを箇条書きで書き入れます。

A5ノートだと、見開きページの左側にひと月分がうまく収まるのですが、

JAN
- 1/7 試合観戦
- 1/28 車点検

FEB
- 2/8 家カテスト
- 2/14 弁当
- 2/14 ガス点検
- 2/22～ 期末
- 2/15 参観日
- 2/26 マラソン大会

MAR
- 3/2 PTA
- 3/8 病院
- 3/18～ 旅行
- 3/23 給食おわり

APR
- 4/14 参観日
- 4/19 家庭訪問
- 4/25 参観日
- 4/28 遠足

MAY
- 5/2 参観日
- 5/3-5 キャンプ
- 5/17 健診
- 5/27 体育祭
- 5/29 振休

JUN
- 6/4 全統テスト
- 6/14 参観日
- 6/20 お母さんたん生日

❷フューチャーログ

1 T 図書館
2 W PTA 15:30-
3 T 全国統一テスト
4 F 個展~
5 S
6 S 参観日
7 M
8 T 本返却
9 W 大学図
10 T
11 F ハリポタ新刊
12 S ウォーク Festa
13 S 美術館
14 M
15 T
16 W
17 T 早出
18 F
19 S
20 S
21 M
22 T
23 W 美術館、イルミ
24 T メルカリ発送
25 F

26 S セミナー
27 S
28 M 理事会
29 T
30 W

11月のタスク

- □ 個展見に行く
  - □ お祝い準備
- □ お義母さんBD Tel
- □ ひいじいちゃんBD Tel
- □ バザーの分担カクニン
- □ 義母さん プレゼント
- □ 前売券 セブンで買う

❸マンスリーログ

A6ノートだとちょっとはみ出してしまいます。

このマンスリーログのよい点は、1か月の予定とタスクを同時に俯瞰できることです。

月の初めに、このマンスリーログを作成したあと、続けて各月の「デイリーログ」を書き込んでいきます。

カレンダーは、パッと見でも大事な予定がわかるように、できるだけシンプルに書くのがコツです。

タスクリストには、前月のマンスリーログを見て未完了のタスクを移行したうえで、今月にやりたいこと、やるべきことを書き込んでいきます。

❹ デイリーログ

ここは、バレットジャーナルのメインとなる部分です。

まず、新しい一日の日付をタイトルとして書き込みます。そして、その日の予定やタスク、アイデアをできるだけ簡潔に、箇条書きで記していきます。

記録が少ない日があれば、ページの途中から次の日のログを続けて書き込んでもかまいません。逆に、書くことが多い日は、数ページにわたって一日のログを残すことができます。

このように、「一日に書き込むスペースが制限されていない」のが、この手帳術の最大のメリットです。

デイリーログは、書く内容も限定しません。1冊のノートに、記録しておきたいすべてを放り込めます。

たとえば、その日にあったこと、感じたこと、買い物や読書のメモに旅行の記録など、まさになんでもありです。

時系列で記録していく形なので、後でほしい情報を探すときに該当箇所を見つけやすいというメリットもあります。

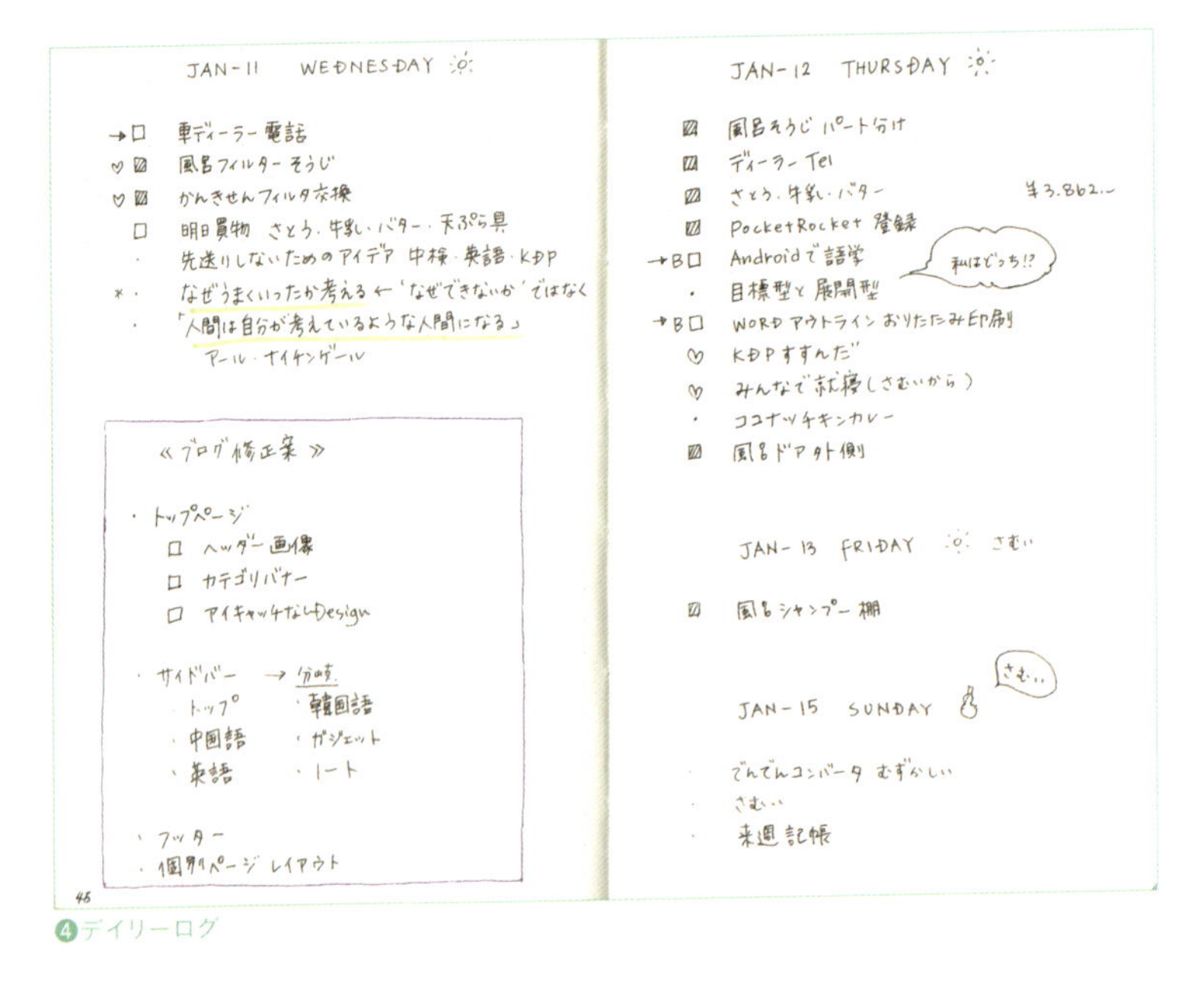
JAN-11 WEDNESDAY
車ディーラー電話
風呂フィルターそうじ
かんきせんフィルタ交換
明日買物 さとう・牛乳・バター・天ぷら具
先送りしないためのアイデア 中検・英語・KDP
なぜうまくいったか考える ←'なぜできないか'ではなく
「人間は自分が考えているような人間になる」
アール・ナイチンゲール
《ブログ修正案》
・トップページ
ヘッダー画像
カテゴリバナー
アイキャッチなしDesign
・サイドバー → 分岐
・トップ
・中国語
・英語
・韓国語
・ガジェット
・ノート
・フッター
・個別ページ レイアウト
45
JAN-12 THURSDAY
風呂そうじ パート分け
ディーラーTel
さとう・牛乳・バター
¥3,862.-
PocketRocket 登録
Androidで語学
私はどっち!?
目標型と展開型
WORD アウトライン おりたたみ印刷
KDPすすんだ
みんなで就寝(さむいから)
ココナッツチキンカレー
風呂ドア外側
JAN-13 FRIDAY さむい
風呂シャンプー棚
さむい…
JAN-15 SUNDAY
でんでんコンバータ むずかしい
さむい
来週 記帳
④デイリーログ

また、あとから見返すことが想定されるようなまとまった情報については、デイリーログのページに続けて書いていくよりも、次のページに新しいタイトルをつくって書き込んだ方が、のちのち検索性が高まるのでおすすめです。

たとえば、仕事の打ち合わせの詳細を記録したページも、チケットが貼りこまれた旅の行程の記録も、インデックスページに

「6／6　〇〇社〇〇さんと打ち合わせ　p30－31」
「6／10－12　〇〇へ旅行　p34－40」

と書いておけば、時間をおいてからでも、見たい情報にすぐにアクセスすることができます。

INDEXからすぐにアクセスできる!

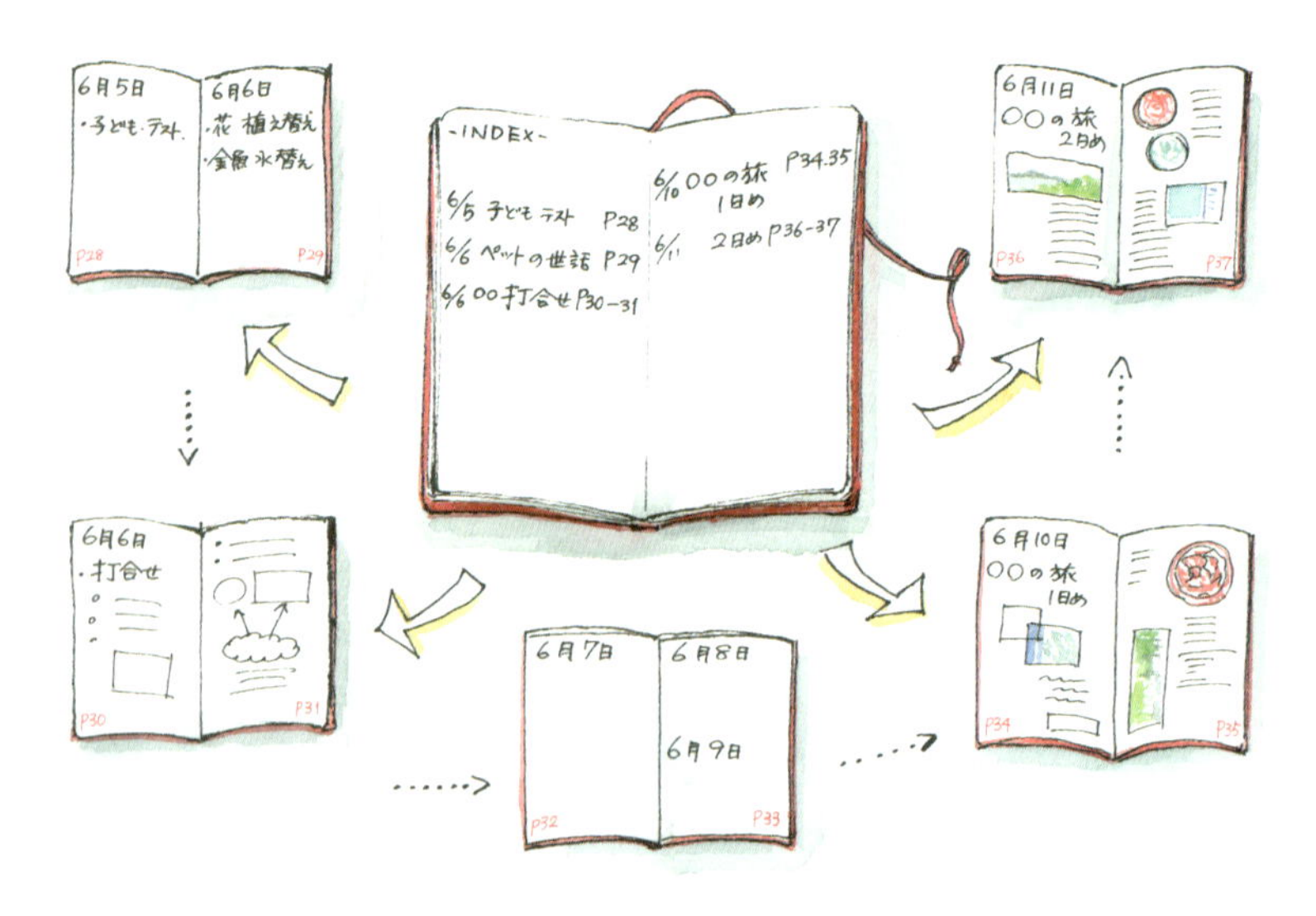

no. 06

自分の好きな特集ページ「コレクション」

基本となる4つのモジュールとは別に、自由に追加するコンテンツ部分のことです。

リストだけでなく、イラストやグラフを描いたり、チケットや写真の貼りこみなど、どんなコンテンツでも追加できます。

「観た映画リスト」や「今年やりたいことリスト」などのページは、市販のスケジュール帳では初めの方や巻末にあらかじめセットされていることが多いと思います。

一方、バレットジャーナルでは、ほしい特集ページを思いついたときに新しいページを開いて、自分でつくることができます。

やりたいことがありすぎて、「やりたいことリスト」がどんどん長くなっていっても、書くスペースを制限されることなく、ページを増やしていくことができるのです。

この点、ストレスなく書き連ねることができるのが、市販のスケジュール帳にはないメリットだと感じています。

- 読書記録
- 観た映画リスト
- ウィッシュリスト
- 習慣トラッカー
（習慣化のためのリスト）
- 買いたいものリスト
- 家具・カーテンのサイズリスト
- 贈り物のログ
- マインドマップ
- 体重変化グラフ
- ゼンタングル
（シンプルなパターンを組み合わせて線画を描いていくことで、リラックスできるメソッド）

コレクションの例

それぞれのコレクションのタイトルとページ番号をインデックスページに書いておけば、必要なページに素早くアクセスすることが可能になります。

コレクションの実例については、第3章でくわしく紹介していきます。

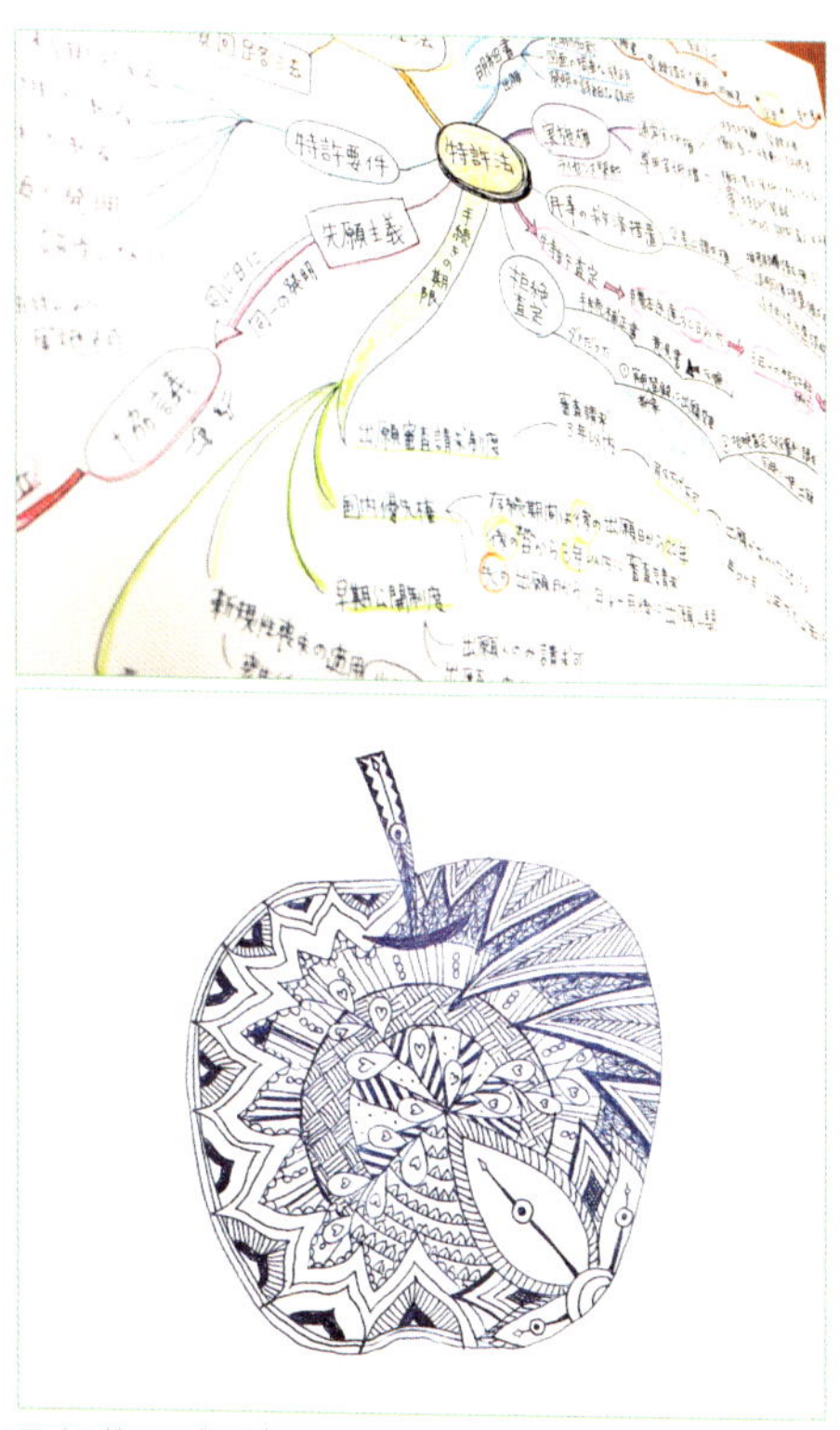

マインドマップ、ゼンタングルの例

no.07 書き込むときのルール

ここまで、バレットジャーナルとはどういう構成のものか、なんとなくイメージを持っていただけたかと思います。

次に、バレットジャーナルに書き込むときのルールについてお話しします。ルールといっても面倒なことはなく、シンプルなものばかりです。

素早く記録する（ラピッドロギング）

バレットジャーナル開発者のライダーさんが、いちばん大事なルールとして挙げているのが、この「Rapid Logging：素早く記録すること」です。

私は以前、「家事」「仕事」「趣味」など、ジャンルごとに違う色で手帳に予定を書き込むというマイルールをつくっていたことがありました。

色分けすると、あとで振り返るときにとても見やすいのですが、タイミングによっては、「今、この色のペンが手元にないから、ノートに書けない（書きたくない）」という問題が起こってきます。

私のようなズボラ人間は、つねに色ペンをノートとともに携帯するということすら難しいという問題に気づき、結局、色分けして記入するルールはやめてしまいました。


家事や仕事に追われて時間がないような状態では、一度面倒だと感じてしまうと、ノートを手に取ることもおっくうになったり、ノート自体の存在さえ忘れたりしてしまいます。

便利にしようと考えて工夫したことが、逆にノート自体を遠ざけてしまう原因になっては、元も子もありません。

書き込むときのルールは、極力シンプルにしておくのがいちばんです。

必要なのは、ノートとペン1本だけ。バレットジャーナルという手帳術のいちばんの持ち味は、シンプルな構成で素早く記録できることだと、私は考えています。

デイリーログのページに必要な4つの要素

- ページタイトル
- 箇条書き
- 箇条書きの前につける記号
- ページ番号

まず、「タイトル」と「ページ番号」を入れる

新しいページをめくったら、まず「タイトル」をページの上部に、それからページの下の方に「ページ番号」を振ります。

デイリーログのページ：タイトルとページ番号

« HABIT TRACKER »

	1	2	3	4	5	6	7	8	9	10	11	12	13	14	15	16
計算ドリル																
Grammar in Use																
エクササイズ																
まつ毛美容液																
8000歩																
フルーツ																

コレクションのページ：タイトルとページ番号

タイトルは、その日の日付にするか、検索の利便性を考えて、そのページに書いてある内容がすぐにわかるものにしましょう。

ドイツのハードカバーノートブック「ロイヒトトゥルム1917」には最初からページ番号が振ってあるので、数字を書き込む手間が省けます。

メモは、基本的に「箇条書き」で

メモの基本は「箇条書き」です。

箇条書きの先頭につける記号（後述）により、パッと見ただけでその箇条書きが「タスク（やること）」「予定」「メモ」のうちのどれか、さらにはタスクが今どんな状態にあるかを区別することができます。

この記号によって、タスクやアイデアを時系列でそのまま書きこんでいったようなごった煮リストになっていても、探している情報がすぐに見つかり、「やるべきこと」のやり忘れを防げるようになるのです。

そのため、メモを書くときは何も気にする必要がないので、とても快適です。

ひと目でわかる記号を入れる

箇条書きにしたタスクには、「キー」と呼ばれる記号を打ちます。ルールは次のように明確なので、そのタスクのジャンル、重要度がひと目でわかるようになります。

- はじめに、タスクリスト（やることリスト）の頭に「・」を打つ。
- 完了したら、「・」に「×」を重ねる。
- 未完了のため次の日以降に移したら、「・」に「>」を重ねる。
- 特定の期日に実行するよう、スケジューリングが完了したら、「・」に「<」を重ねる。

【タスク】

・ ＝ タスクの作成

× ＝ タスクの完了

＞ ＝ タスクの先送り

＜ ＝ タスクのスケジューリング完了

【予定】

○ ＝ イベント

【メモ】

－ ＝ メモ

＊ ＝ 注目

！ ＝ ひらめき

キー（記号）の例

「やることリスト」管理の実践例

「やることリスト」には、前ページのような記号をつけていきます。わかりやすいように、一日の時系列で見ていきましょう。

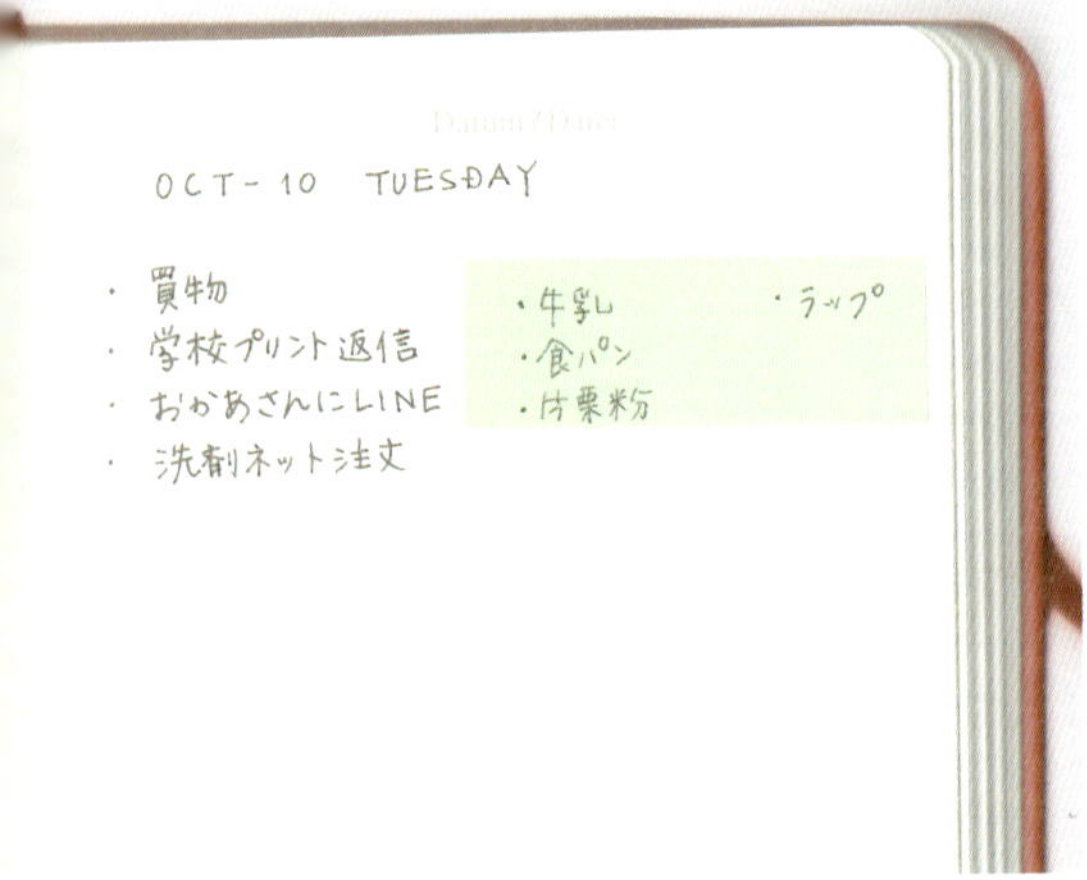

● 朝6時。

まず、今日やることをリストにします。買い物の内容は、買い物中に手元に置いて見ながら歩けるように、ふせんに書いて貼っています。

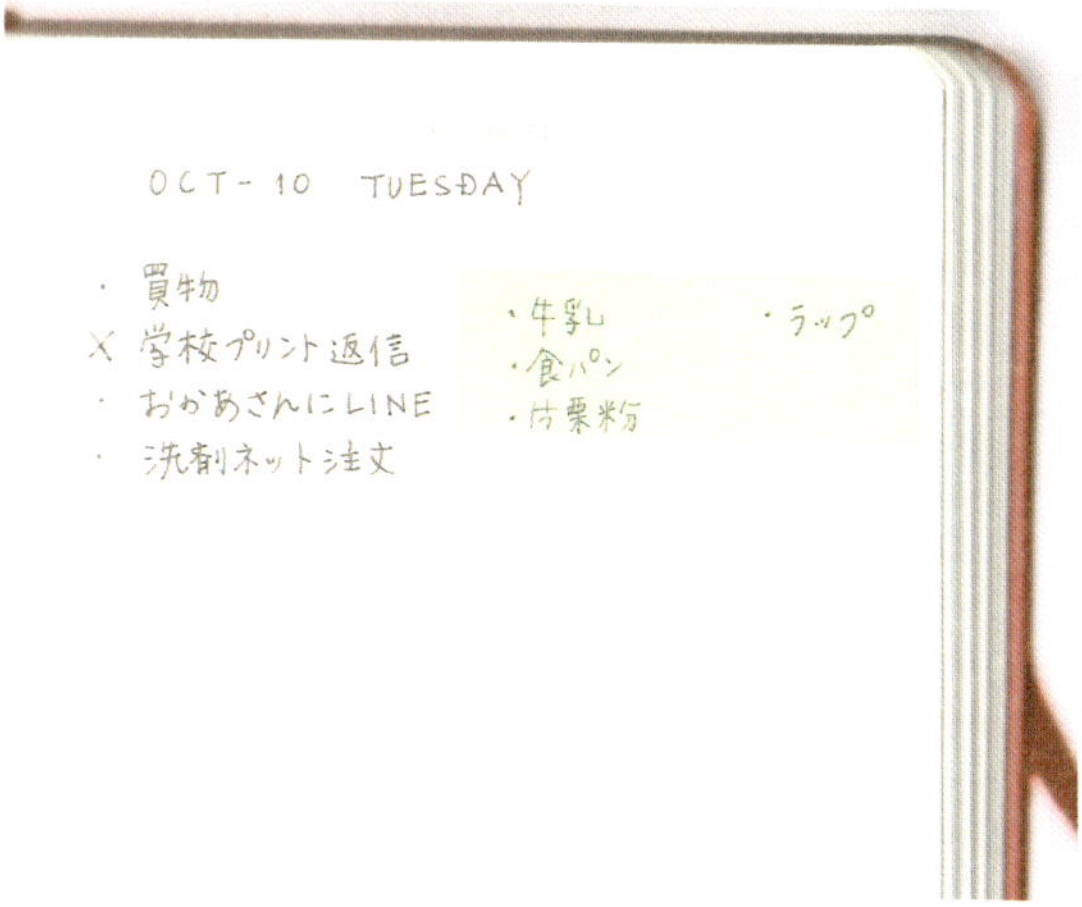

● 朝9時。

学校のプリントは記入して子どもに渡したので、「タスク完了」の記号（×印）を書き入れます。

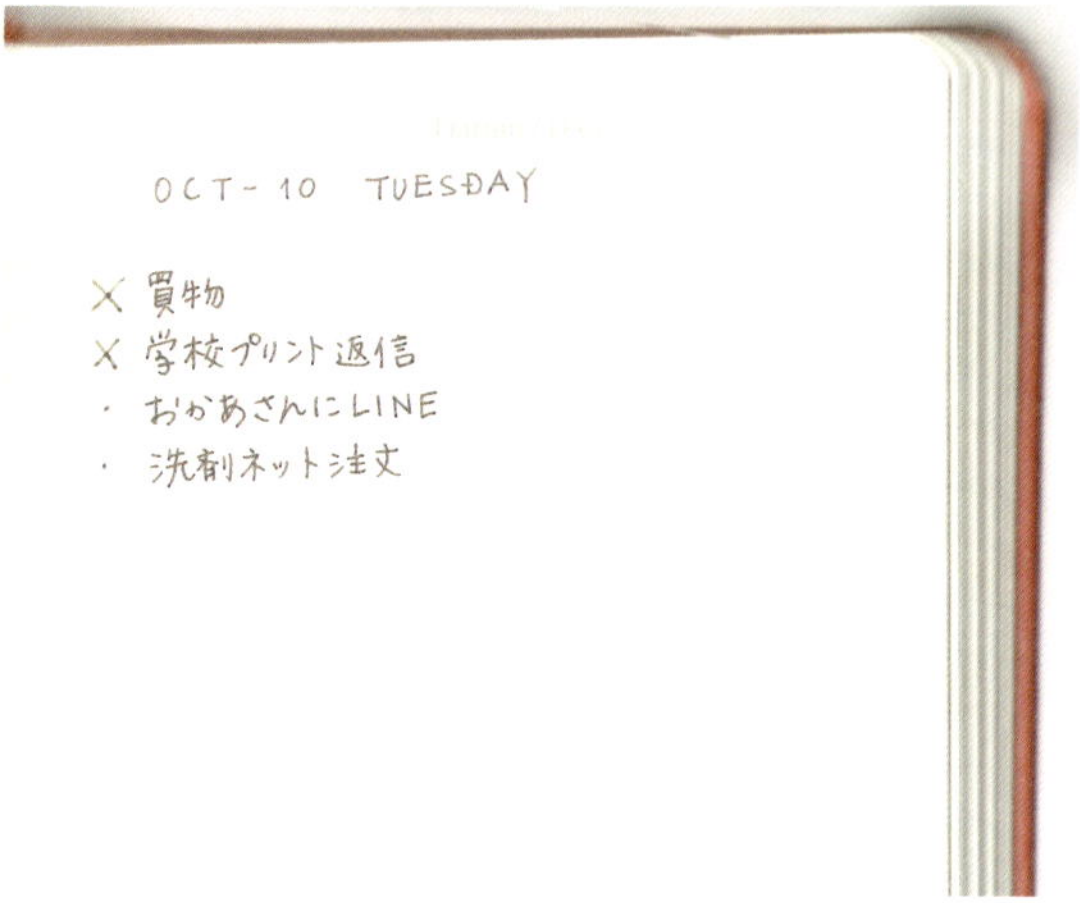

● 午後6時。
買い物をして帰宅。
「タスク完了」の印（×印）をつけます。

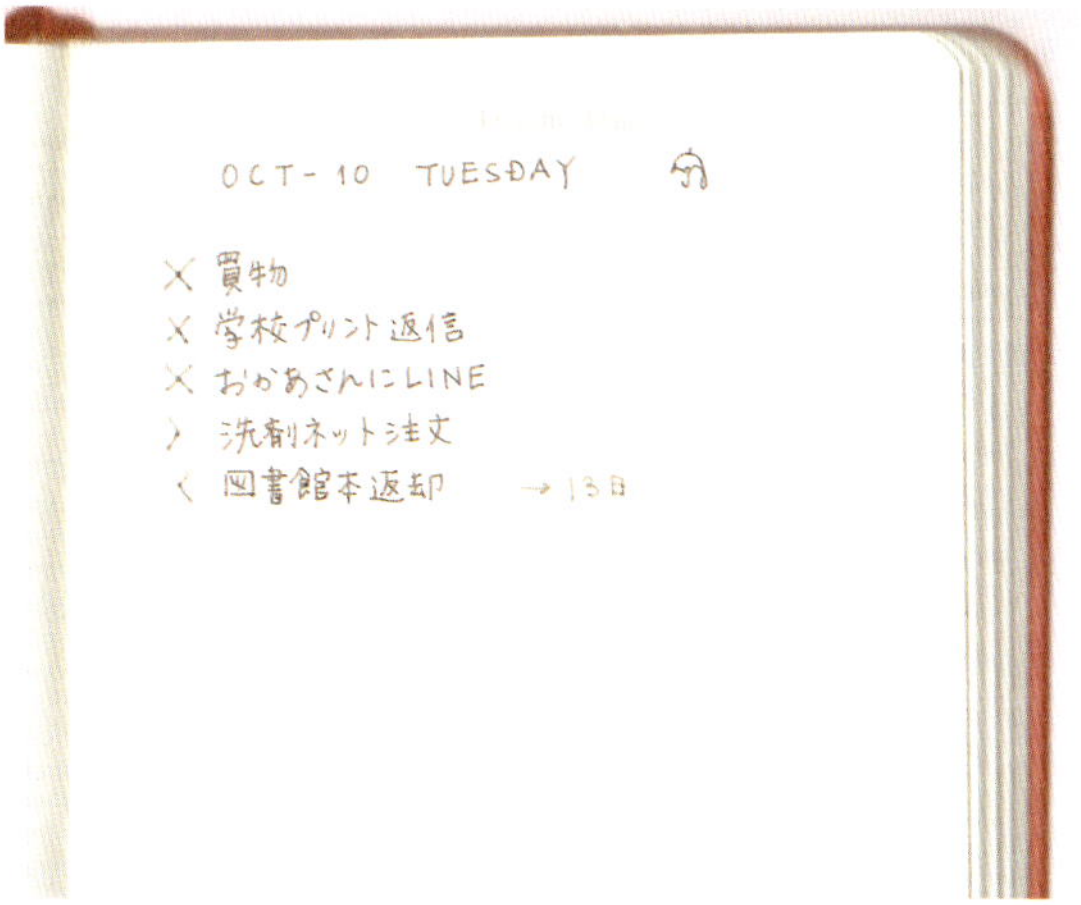

● 夜10時。

図書館の本を返さなければいけないのを思い出して、リストに追記。

母親へＬＩＮＥを送ったので、「タスク完了」の印（×印）を入れました。

洗剤の注文は今日できなかったので、「次の日に移行」（>印）。

図書館に行くのは13日に決めたので、カレンダーアプリに予定を入力して、「スケジューリング完了」の印（<印）を入れました。

COLUMN

古い記号と新しい記号

今のバレットジャーナルは、タスクの箇条書きの先頭に点（・）を打ち、進行状況によって記号を書き加えていくというスタイルになっています。

２０１５年以前は、先頭にチェックボックス（□）をつけておいて、完了したらチェックを入れるなど、追記するやり方が推奨されていました。

その後、Bullet Journalの公式サイトがリニューアルするのと同じタイミングで、このチェックボックス方式から、点（・）に記号を重ねていくという、よりシンプルな方法が採用されたのです。

バレットジャーナルの「Rapid Logging」（ラピッドロギング：素早く記録する）を追求した結果のバージョンアップといえるでしょう。

チェックボックスにチェックを入れるのが好きという方は、その方式でやってみてもよいと思います（私は、実際そうしています）。

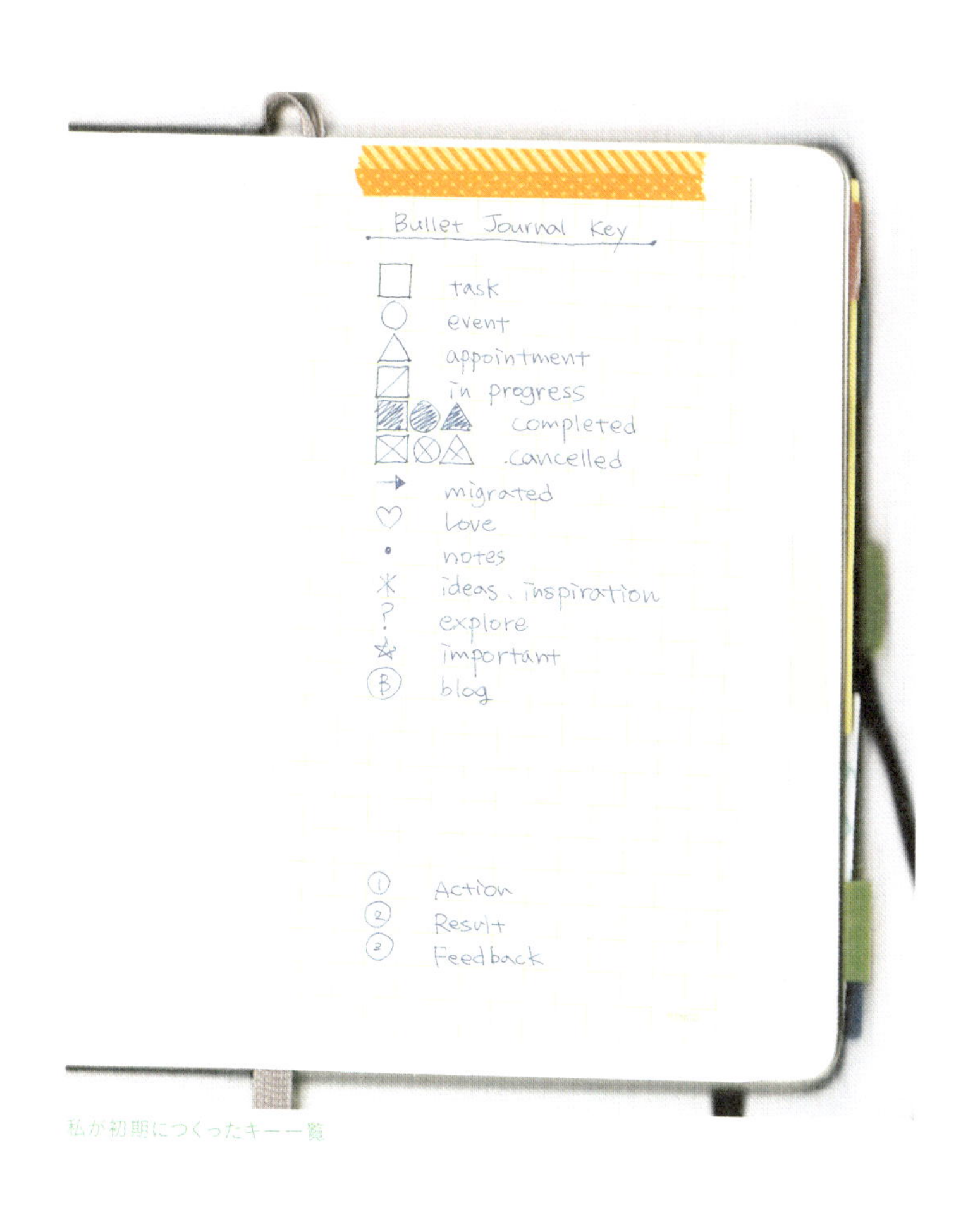

私が初期につくったキー一覧

バレットジャーナルのキモは、移行作業をしながら、「これは本当に必要か？」と考えること！

手書きでのスケジュール・タスク管理は、デジタルツールに比べると、内容の移行に手間と時間がかかります。

デジタルであれば指先でドラッグするだけで、予定やタスクを簡単に次の日に移動できますが、手書きではそうはいきません。書き直す手間がかかるし、過去の記録は完全に消えることはなく、元の場所に痕跡も残ります。

ある意味、この「書き直す手間」が、バレットジャーナルのデメリットといえるかもしれません。

しかし視点を変えてみると、この移行作業の存在が「タスクを書き直したくないから、今日中に完了させてしまおう」という推進力にもなり得ると同時に、時間の使い方について考えるよい機会にもなると、私は考えています。

どういうことかというと、未完了のタスクを次の日のページに持ち越すとき、一度立ち止まって、「このタスクは、自分にとって本当に必要なことか？」を考えるのです。

書き直す価値があるタスクだと感じなければ、それは重要ではないということ。新しいページに書き写す必要はありません。

このように、限りある時間をどのように使っていくか、自分自身に問いかけるのはとても大事なことです。移行作業を通してそれを考えることで、時間の使い方の改善につながっていると感じています。

COLUMN

進化するバレットジャーナル

バレットジャーナルという手帳術は、自分の好きなフォーマットを自分でデザインするという面が注目され、ＳＮＳで徐々に人気が出てきました。ユーザーコミュニティで進化する、この「発展型バレットジャーナル」のページを見ると、まるでアート作品のような美しさです。

市販の手帳には盛り込みきれないさまざまなアイテムを手書きで、自分仕様にカスタマイズして取り入れることができるのは魅力的です。世界に1冊しかない自分だけの手帳をつくり上げることができます。

しかし、自分の好きなレイアウトをつくる作業はとても楽しいものである一方、使いはじめる前にフォーマット作成という時間のかかる作業が必要になること、デイリーログのスペースをフレームで囲むことにより、本来の自由度が失われてしまうことなど、ライダーさんがバレットジャーナルの重要な要素としている

「Rapid Logging」（素早く記録すること）との矛盾が徐々に生まれてきました。

この問題は、バレットジャーナルの基本形を愛用する人と、進化形を楽しむ人との間で議論になりがちです。

私は、「フォーマットやイラストを描きこむことで癒しを得るタイプの人は、大いにそれを楽しめばいい。使いはじめる前にいちいちフレームや表を自分で書かなければならないのが重荷になるのなら、自分がストレスを感じない方法を選べばいい」とシンプルに考えています。

自分好みにゼロからつくり上げる自作手帳としてバレットジャーナルを知った人が、その複雑さにもし疲れてしまっているのなら、ぜひノートとペン１本だけで始められるオーソドックスなバレットジャーナルも試してみてほしいなと思っています。

Bullet Journal chapter

第2章

ちいさなくふうで、ストレスフリーの毎日

私は、こんなふうに使っています

no.01

私の「やることリスト」管理のしかた

第1章では、バレットジャーナルの公式のつくり方、はじめ方をご紹介してきました。この章では、私なりにカスタマイズしたバレットジャーナルの使い方についてお話しししていきます。

若干、第1章での説明と重複するところはありますが、私が効果があったと思う「ちいさなくふう」にスポットを当てていきたいと思います。

バレットジャーナルは、自由度が高く、自分が好きなようにアレンジできるのが特徴の1つ。ですので、あくまでもご参考までに、ということでご覧ください。

まず、「やることリスト」の管理のしかたからです。

前の晩かその日の朝、新しいページに日付を書き入れます。

日付をタイトルにしてはじめる「デイリーログ」のページは、

❶その日にやるべきこと
❷その日に思いついたこと

を入れる箱のイメージです。

一日の予定、やるべきこと、メモを箇条書きのリストにしていきます。

前日から当日へ、やることを移行する

一日のリストをつくるとき、いちばん先にやるのは、前日のページの振り返りです。

前日やり残したリストの項目を見て、次の日にやらなければならないことはそのまま移行させます。

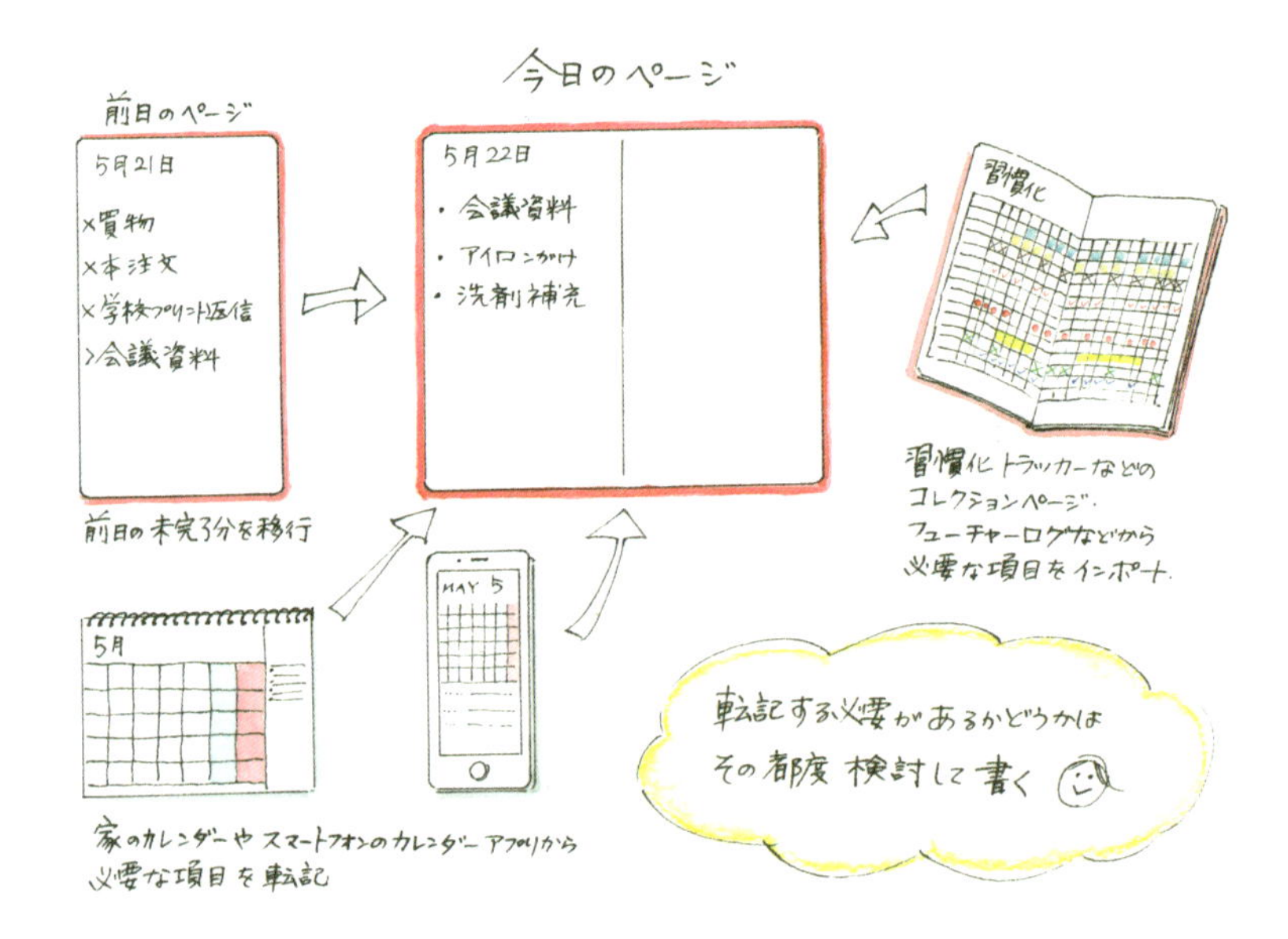
今日のページ
前日のページ
5月21日
×買物
×本注文
×学校プリント返信
>会議資料
前日の未完了分を移行
5月22日
・会議資料
・アイロンかけ
・洗剤補充
習慣化
習慣化トラッカーなどの
コレクションページ、
フューチャーログなどから
必要な項目をインポート
5月
MAY 5
家のカレンダーやスマートフォンのカレンダーアプリから
必要な項目を転記
転記する必要があるかどうかは
その都度検討して書く

次の日でなくてもよいものであれば、「フューチャーログ」などの備忘録ページに移動、書き写す必要がないと判断したものは線を引いて消します。

このように、前の日のページに書いたものを移動したり消したりすることで、「前日のやることリストをカラ」にするのです。

前日のタスクリストがカラになったら、その月の初めにページをつくっている「フューチャーログ」や、習慣トラッカー（習慣化のためのリスト）などから必要なタスクを移行させつつ、日々のスケジュールを管理しているスマホのカレンダーアプリなどを参照して、新しい日のページに、その日の予定ややることを書き込んでいきます。

デイリーログを確認・追記しつつ、一日を過ごす

その日いちにち、随時、デイリーログを確認しつつ、やるべきことを実行していきます。

思いついたことは、その都度リストに追加していきます。

重要な割り込みタスクが入ることもありますが、基本的には「上にあるタスクほど優先度が高い」という意識を持って、リストをチェックしています。

買い物リストについては、数日持ち越しすることが多いので、ノートのページではなく、ふせんに書いて当日のページに貼っています。

ふせんに書いておくと、翌日に移行するのが簡単なことに加え、買い物中は財布やノートの表紙に貼っておくと、買わなければならないものを確認しやすいです。

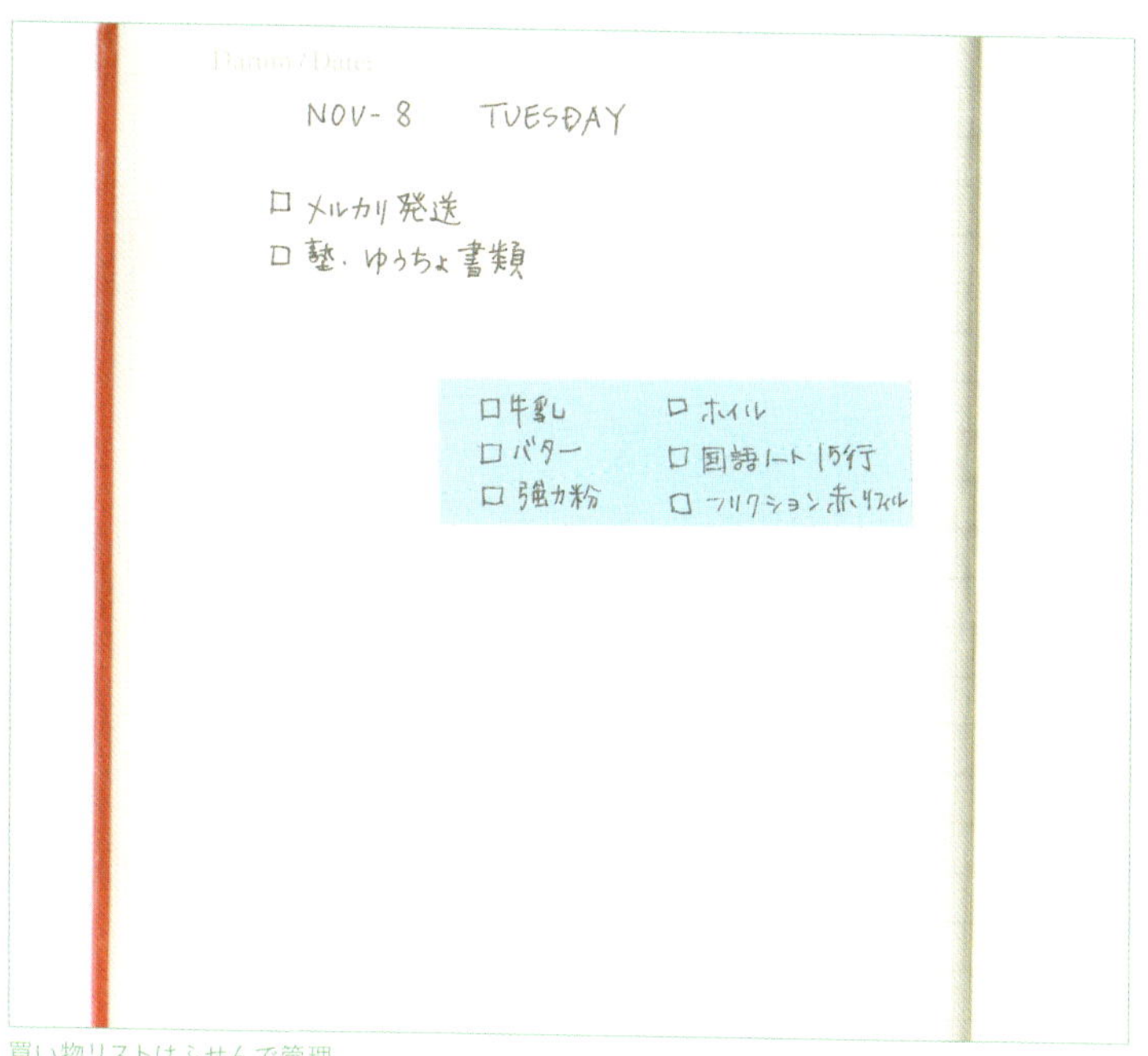

買い物リストはふせんで管理

ちなみに私は、タスクを完了したときにチェックボックスを塗りつぶす作業が大好きなので、×やくなどの記号ではなく、チェックボックスを使ってタスクリストを作成しています。

一日の記録を振り返る

一日の終わりに時間があれば、その日の「デイリーログ」の振り返りをします。

その日やるつもりだったのにできなかったタスクは、本当に必要なことなのかを再確認します。

必要であると判断すれば、そのまま次の日のデイリーログに移行します。当面はする必要がないと判断すれば、「フューチャーログ」か「ウィッシュリスト」に移します。必要ないと判断したら、その場で横線で消します。

新しい予定についてのメモがあった場合、予定日が2、3日後であれば、すぐにスマホのカレンダーアプリに登録しておきます。

しばらく先の予定など、忘れそうなものに関しては、カレンダーアプリに入力するのと並行して、ノートの「フューチャーログ」ページにもメモしておきます。

「やること」以外のログも、あるべき場所へ

実行できたタスクのうち、「習慣トラッカー」（67ページ）に記入が必要なものがあれば記入します。

アイデアは「アイデアリスト」へ、買いたいものは「買いたいものリスト」へ、読みたい本は「読みたい本リスト」へと、その日の記録1つひとつを、それぞれのコレクションに移動させます。

こうして、その日のページのメモ書きをすべてあるべき場所に収めていきます。

その後で、次の日の「やるべきことの箱＝デイリーログ」に、リストを作成していくという順序になります。

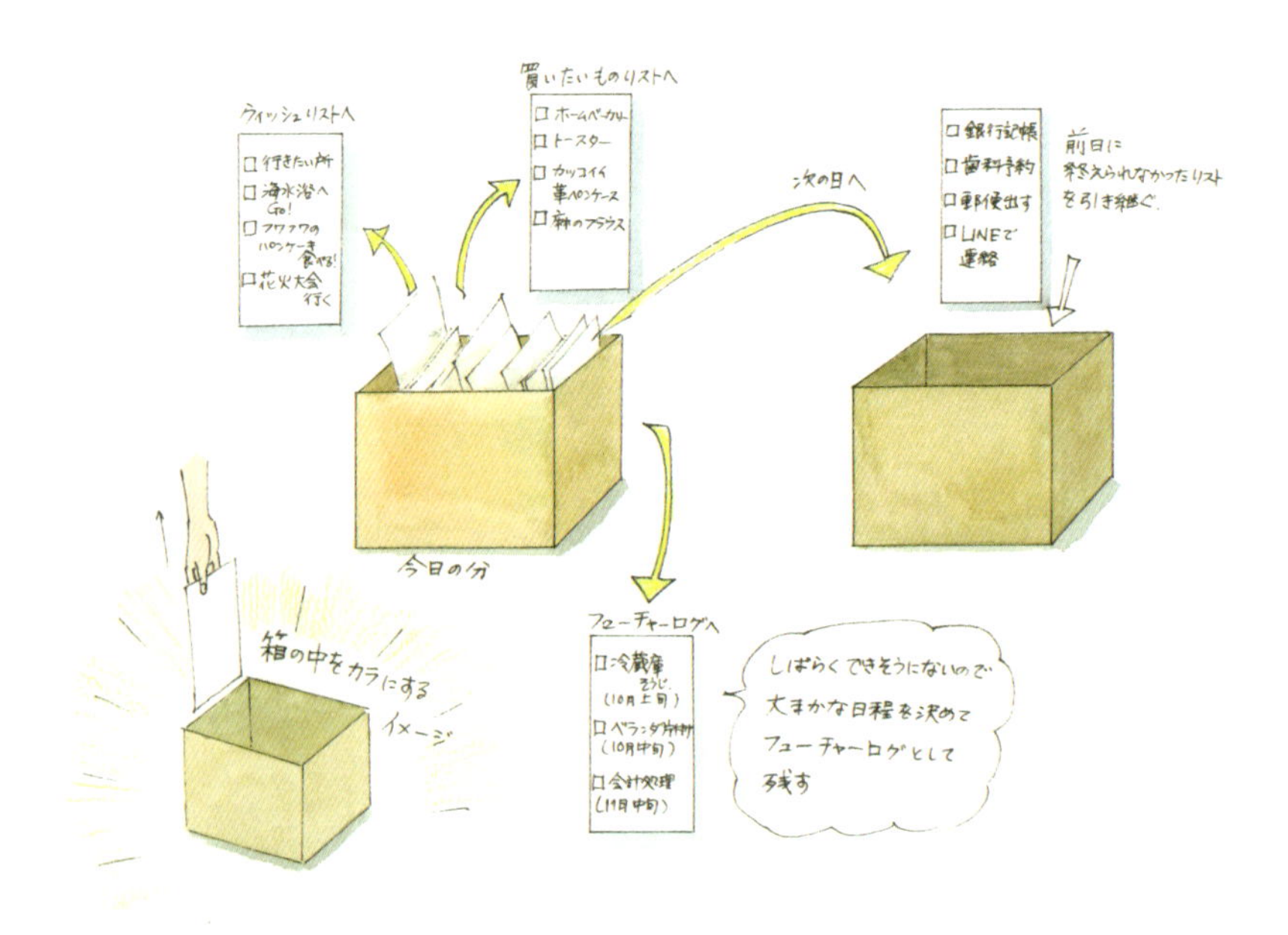

ウィッシュリストへ
□行きたい所
□海水浴へGo!
□フワフワのパンケーキ食べる!
□花火大会行く
買いたいものリストへ
□ホームベーカリー
□トースター
□カッコイイ革ペンケース
□麻のブラウス
次の日へ
□銀行記帳
□歯科予約
□郵便出す
□LINEで連絡
前日に
終えられなかったリスト
を引き継ぐ.
今日の分
箱の中をカラにする
イメージ
フューチャーログへ
□冷蔵庫そうじ(10月上旬)
□ベランダ片付(10月中旬)
□会計処理(11月中旬)
しばらくできそうにないので
大まかな日程を決めて
フューチャーログとして
残す

この一連の作業は、「前の日の『やることリストの箱』をカラにして、新しい一日の箱に詰め込む。一日の終わりには、やることリストやメモをあるべき場所に振り分け、箱の中身をリセットする」というイメージです。

書き込んだことが消えていくわけではないので、実際にページがカラになるわけではありません。デイリーログのページに書き込んだライフログ的な項目は、どのコレクションにカテゴライズされるわけでもなく残っていきます。

ただ、やることリストに関しては、一日の振り返りのときにやり残しを見逃さないようにし、未完了の項目を放置しないように気をつけています。

no. 02

デイリーログをつけることで、私はこう変わった

先延ばしになるタスクが減った

私は、この「やることリストをカラにする」イメージで運用することで、やると決めて書き込んだタスクが手つかずのまま流れてしまうのを防げるようになりました。

さらに、一日に自分がどれくらいのことができるのかが把握できるようになり、そもそも実行不可能なリストをつくることが少なくなるという副次的効果もありました。

「やるべきこと」ではなく、「やれたらいいな」という願望のリストをつくってしまうと、結局日が替わるタイミングで、すべてを移行したり消したりしなければならなくなります。

やるつもりだったことを持ち越して次のページに何度も書き直すのは、あまり気持ちのいい作業ではありません。

できなかった項目を消したり先送りしたりを繰り返すなかで、「やりたいこと」を「やるべきこと」に昇格させるにはどうしたらいいのかという点に意識が向きはじめ、自分の行動が少しずつ変わっていったのは大きな収穫です。

「覚えておくこと」に頭を使わなくてもよくなった

私が毎朝ノートを開いて書き出すのは、その日やるべきことのチェックリストです。

やることリストでやらなければならないことを視覚化すると、「忘れないように覚えておくこと」に頭を使う必要がなくなります。

また以前は、思いついたことを手近なメモに書きつけたはいいけれど、その

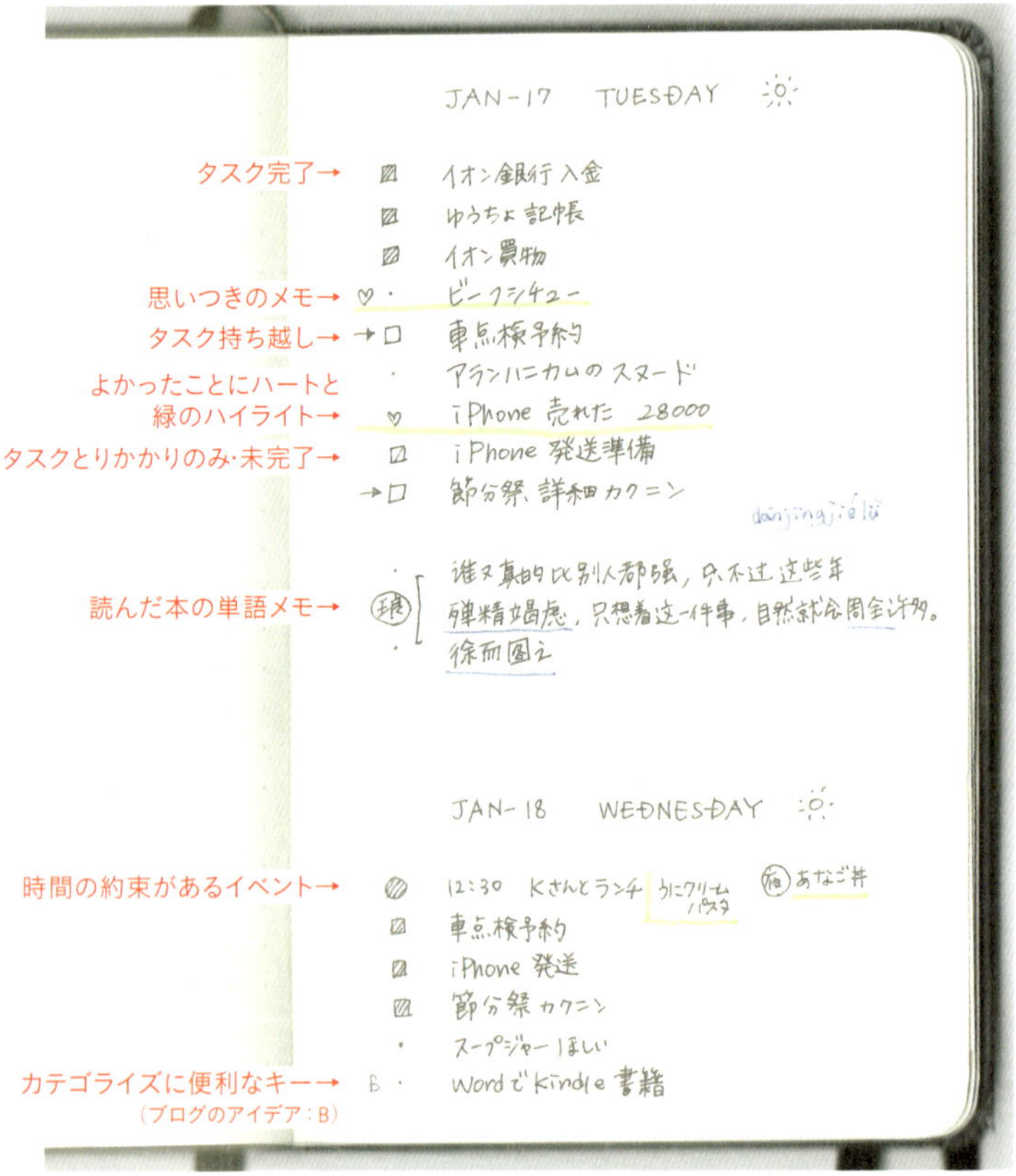

タスク完了→

思いつきのメモ→

タスク持ち越し→

よかったことにハートと
緑のハイライト→

タスクとりかかりのみ･未完了→

読んだ本の単語メモ→

時間の約束があるイベント→

カテゴライズに便利なキー→
（ブログのアイデア：B）

なんでも１冊のノートに書いておけば、
メモをなくす心配もなくなる！

メモをどこにやったかわからなくなってしまう、という問題がよくありました。

なんでも1冊のノートに書いておけば、すべてが時系列に並んでいるので、書いたはずのメモがどこにあるかを探すときもスムーズです。

毎日やることリストを書き、きちんとできたらチェックボックスを塗りつぶす。思いついたことは、その続きにどんどん書き足していく。

ルールは、ただそれだけです。

ノートを開くだけで、思い出せるように

デイリーログに何を書くかというと、とにかくなんでも、です。

私の場合、最初は「買い物リスト」がメインでした。

以前の私は、いろんなことで頭がいっぱいで、「買い物に行かなきゃ！」と出かけても、いざお店に着いたら何を買えばいいのか忘れていて、何度もスーパーに足を運ばなければならない、ということがしょっちゅうでした。

今では、ノートに買い物リストを書いておくことで買い忘れの数が減り、ストレスもかなり軽減されています。

スーパーで買うもの以外にも、出かけたときにしなければいけない用事、本屋で見つけた読みたい本、やりたいこと、家事の段取りなど、思いついたらなんでも書き込んでいきます。ブログのアイデアに関するメモも多いです。

とにかく、思い浮かんだことをなんでも書き込みます。記録しておくと、いろんなことをすべて覚えておく必要がなくなるので、頭が少しすっきりします。思い出したいときは、ノートを開くだけでいいのです。やること、起きたことだけでなく、そのときの感情も一緒に書いておくと、あとから見返したときにいろいろな発見があります。

やるべきことをひと目で管理できて、ストレスが軽減

バレットジャーナルの特徴の1つは、脈絡なく並んだ箇条書きリストの各項目を、記号によって分類できるということです。

分類に使う記号は、一見すると単なる飾りのように感じるかもしれませんが、実際に使ってみると、とても便利で手放せないアイテムになります。

私は、タスクリストにチェックボックスをつけています。リストの先頭についているボックスを見るだけで、「やるべきことか、それとも単なるメモか」がすぐにわかります。さらに、「■＝完了、□＝未完了」とチェックボックスでタスクの状態が判断できるので、タスクのやり残しを見逃しません。

次のページの写真で、緑のハイライトのついていない部分にも、一見タスクのような項目がありますが、こちらは「やりたいこと」のメモで、今日しなけ

ればならないタスクではありません。
このように、いちいち項目の内容を読まなくても、先頭の記号だけで「やらなければいけないことかどうか」が判断できるのです。

SEP-6 TUESDAY

- ▨ Hさんに返信
- →□ チラシ作成、ラクスル
- ▨ 健診予約 → 9/26
- ・東照宮 お参り
- ・ジブン手帳 check
- ・カーディガン 検討
- ・主婦の友 Kindle いっぱい買った
- ▨ シフト変更 10/1 → 10/2 カレンダーへ
- ♡ ワッフル

SEP-7 WEDNESDAY

- ⊘ 15:00 会場下見
- B ▨ 主婦の友 Kindle セール
- ▨ お礼メール書く
- ▨ キンコーズ価格 check
- →□ チラシ作成
- ▨ パン屋さんよって帰る
- ・早寝する
- ・電球 check
- ・アイキャッチエラー
- ・河出書房

完了タスクには「■」印

SEP-6 TUESDAY

- Hさんに返信
- → □ チラシ作成、ラクスル
- 健診予約 → 9/26
- 東照宮 お参り
- ジブン手帳 check
- カーディガン 検討
- 主婦の友 Kindle いっぱい買った
- シフト変更 10/1 → 10/2 カレンダーへ
- ♡ ワッフル

SEP-7 WEDNESDAY

- 15:00 会場下見
- B 主婦の友 Kindle セール
- お礼メール書く
- キンコーズ価格 check
- → □ チラシ作成
- パン屋さんよって帰る
- 早寝する
- 電球 check
- アイキャッチエラー
- 河出書房

未完了タスクには「□」印

□は未完了タスクで、「↓」キーで翌日に持ち越しているのですが、その次の日にも結局「↓」がついて未完了のままです。「チラシ作成」がそれです。

このように持ち越しが続くということは、

❶ 必要ないタスク

❷ 分解が必要なタスク

のどちらかだということなので、それを削除するか、タスクを細分化して取りかかりやすくするか、いずれかの方法で対応する必要があります（↓88ページ）。

● メモは「・」印

「・」からはじまる項目は「なんでもメモ」です。必要に応じて「・」の前にキーをつけて分類します。

SEP-6 TUESDAY

☒ Hさんに返信
→☐ チラシ作成、ラクスル
☒ 健診予約 → 9/26
・東照宮 お参り
・ジブン手帳 check
・カーディガン 検討
・主婦の友 Kindle いっぱい買った
☒ シフト変更 10/1 → 10/2 カレンダーへ
♡ ワッフル

SEP-7 WEDNESDAY

⊘ 15:00 会場下見
B ☒ 主婦の友 Kindle セール
☒ お礼メール書く
☒ キンコーズ 価格 check
→☐ チラシ作成
☒ パン屋さんよって帰る
・早寝する
・電球 check
・アイキャッチエラー
・河出書房

メモは「・」からはじまる箇条書きで

●オリジナルの記号で分類

私は、チェックボックスの前に記号（キー）をつけて、タスクの重要性を際立たせ、属性を明確にしています。

= Bullet Journal Key =

- □ 未完了のタスク
- ▨ 完了
- ◪ 着手済
- →□ 先送り
- ☒ ⊟ 取消
- ○ イベント予定
- ⊘ イベント完了
- B ブログアイデア
- ⓀⓂⒶ 家族
- ! ☆ * 重要・注目
- ♡ よかったこと

ブログのアイデアが思い浮かんだら、メモをあらわす記号「・」の前に、さらに「B」というアイコンをつけて、そのアイデアがブログに関するものだとすぐわかるように書きとめます。

アルファベットのアイコンは、家族のイニシャルです。リストの先頭につけておけば、このメモが誰に関するものかがすぐにわかります。

重要なものには、「!」「☆」「*」

などのマークをつけて目立たせます。これらの記号の使い分けは特になく、そのときの気分で適当に書き込んでいます。

ハートマーク「♡」は、その日のうれしかったことにつけておきます。

APR-17 MON

参観㊥ 14:00-
企画書かく
ムスリムの葬礼
キャンプ用おにく注文
くつ探す HW40046 → 販売終了
ルーター設定調べる
調査票再提出 19まで ok.
明日のみ
鯛のカルパッチョ、豚と長芋炒め
アルク kindle本 50% OFF
有休あと6日
ルーターつながった！
きげん悪、やつあたり、落ちつけ。ゴメン

はじめのころは、ほかのバレットジャーナルユーザーの影響を受け、いろんなキーをつくってリストにしていましたが、たくさん種類を増やしても結局使いこなせませんでした。

ごちゃごちゃしないページ構成がいちばんいいと気がついてからは、最小限の記号だけを使っています。こちらもやはり、シンプルがいちばんです。

できたことの積み重ねが自信になる

一日の終わりにその日のページを見返しながら、次の日のやることリストをつくっていくと、毎日の振り返りが自然にできるようになります。

「それまでは行き当たりばったりでやっていた家のことを、少しずつではあるけれど計画的に管理できるようになってきた」という自信が生まれ、新しいことにもっと挑戦したいという意欲につながっていきました。

「やらないこと」を決められるように

やりたいことをやるための時間を確保するためには、これまで習慣的にやっていた何かをあきらめる必要が出てきます。家計と同じで、ない袖は振れないので、どこかでやりくりするしかありません。

暮らしの記録を取っていると、生きている時間のほとんどは「やらなければならないこと」ばかりで埋め尽くされていて、「やりたいこと」に使える時間なんてほんのわずかなんだなと気づきます。

私は、バレットジャーナルで一日の振り返りをしながら、「やらなくていいこと」「やるべきでないこと」について定期的に考えるようになりました。

また、毎日いろいろなことを記録してみると、自分の行動や思考がパターン化していると気づくことができます。

いつも同じようなことで悩んでいると記録からわかったら、その決まった「考え方のクセ」をやめることができないか試してみる。

食べたものを記録して自分の行動に変化を与えていく「レコーディングダイエット」のように、「やめようと思っているけれど、ついやってしまうこと」を記録すれば、少しずつ改善していくことができるのです。

no.03

未完了のタスクをどうするか

できなかったことは見直す

リストに書いても書いても実行できないタスクは、荷が重すぎるか、自分に必要がないか、のどちらかです。

9割がたは、「その日じゅうに終わる気がしないので、手をつけたくない」「面倒くさい」と感じて後回しにしてしまいます。

やらなきゃいけないと気づいてはいるのに、なかなか取りかかる気になれないタスクは、やることリストに記録して目につくところに置くと、ストレスのもとになっていきます。

気が乗らないタスクを後回しにし続けていると、ノートを開くこと自体が憂鬱になり、せっかく習慣づいてきたよい行動までが悪い影響を受けてしまいます。

そのため、思い切って削除するか、タスクを細分化します。

取りかかれないタスクは小さく分解する

後回しにしがちな家事系のタスクは、小さく分解して5分、10分でできる大きさにサイズダウンするのがおすすめです。

たとえば、「リビングの片づけ」というタスクは、とても漠然としていて手をつけづらいと感じます。

そこで、「テレビ棚上段の整理」「テレビ棚下段の整理」「ＰＣ周りの整理」というように、より具体的にブレイクダウンします。

チェックリストにタスクを記入するときに、おおよその所要時間を（5分）（10分）などと加えておくのもおすすめです。

たとえば、「5分ですむことだったら、今できるかな」というように、タス

□ リビングの片付け
なかなか実行できず
毎日持ちこしてしまう…
どうしようかな〜
□ リビングの片付け
できる事から
ちょっとずつ！
□ テレビ棚 上段の片づけ（5分）
□ 〃 下段 〃
□ PC回りの片づけ（15分）
□ 本棚の整理
□ いらない本 pick up（毎日2冊ずつ）
□ 〃 フリマに出品（10冊集まったら）

クに取り組む前向きな気持ちを呼び起こすことができるからです。

「所要時間を正確に見積もる」ことも大事

1つの作業・勉強に対しての時間の見積もりを誤っていると、少しずつの誤差が時間を追うごとに大きくなり、うまく回らなくなってしまいます。
そのため、あらかじめ「実際にどのくらいの時間がかかるのか」を知っておくのもとても大切です。

皿洗いは10分くらいですんでいるかと思っていたら、実際には20分以上かかっていたとか、リビングの掃除機かけは意外に5分ですんでいるとか、実際にどのくらい時間がかかっているか計ってみると、見積もりと実際のギャップがわかります。

私が毎回いちばん驚くのが、ネット通販で購入するものを選ぶのにかかる時間です。30分くらいのつもりだったのに、実際は2時間近くかかっていることもよくあります。

　記録をつけることで自覚ができるので、もしネット通販にこんなに時間をかけたくないと思うのなら、始める前にタイマーをかけたり、あるいはその日やるべきことがほかにあるのなら、ショッピングを始める前に大事な用事を先にすませておくなど、事前に対策ができます。

no. 04
月が替わったらすること

　デイリーログで前日から翌日の移し替えをするように、月の変わり目にも前月から翌月への移行作業をします。

　ひと月前に立てた計画はきちんと遂行できたか、目標は達成できたか、と振り返りながらページを区切り、新しい1か月のログを始めます。

私の場合、自分や家族の予定はつねに流動的なので、スケジュール管理はスマホのカレンダーアプリに集約しています。予定変更があるたびに手書きのカレンダーを書き直すのは面倒なので、バレットジャーナルのマンスリーカレンダーは設けていません。

そのかわり、その月にやらなければならないこと、したいことなど、なんでも投げ込んでおけるタスクリストのページを、月が始まる最初のページに設けています。

また、マンスリーログのかわりとして、その月に習慣化したいこと、日々チェックしたいことのリストをつくって表にしています。

Datum / Date:

□■□ 10月のINBOX □■□

□ 中検学習計画
□ 本棚を買う
□ ダンボール捨てる準備
□ 新しい体操服 150? 160?
□ 洗面所鏡修理 → 見積?
□ 夏物クリーニング，しまう
□ 自転車検討
□ 保険支払

Datum / Date:

《 HABIT TRACKER 》

	1	2	3	4	5	6	7	8	9	10	11	12	13	14	15	16
計算ドリル																
Grammar in Use																
エクササイズ																
まつ毛美容液																
8000歩																
フルーツ①																

新しい月のセットアップ

no. 05

仕事のことも、バレットジャーナル方式で記録

職場で使っているのは、Ａ５サイズのメモ用紙とマンスリーのスケジュール帳です。

メモ用紙には毎日、その日にやることを箇条書きにして書き込みます。電話や話をしたことのメモなども、すべてこのメモ用紙に書き込んでいます。

メモとは別に、予定表を兼ねた業務日誌としての役割を、マンスリーのスケジュール帳が担っています。

去年の今ごろ何をしていたかの記録があると、業務の流れや所要時間がわかるので、とても役に立ちます。

日々のメモをすべてとっておくと、１年間の記録は膨大なものになってしま

	Mon	Tue	Wed	Thu	Fri	Sat	Sun
				1 HP upload	2	3	4
	5	6 ANA	7	8	9 AM：NTT	10	11
	12	13	14 HP	15 HP	16 HP	17	18
	19	20	21	22 ANA	23 PDF	24	25
	26	27	28	29	30		

レイメイ藤井のマンスリーダイアリー（A5）を使用

い、見返すのに不便ですが、重要なものだけ転記して薄い1冊にまとめておくと、過去の業務記録を手軽にチェックできて便利です。

no.06 バレットジャーナルを続ける2つのくふう

❶ 必ず見なければならない記録を一緒につける

市販のスケジュール帳を思うように使いこなせなかった私が、まっさらなノートを使いはじめることで続くようになったのは、勉強の記録を一緒につけていたのが大きな理由の1つです。

勉強の計画表や、模試の点数の推移表はもちろん、本を読んでいて気に入った言い回しや単語もぜんぶ1冊のノートに、買い物リストややることリストと分けずにまとめて記録しています。

1つにまとめることで、見返す頻度が高くなります。ノートを見直す回数が増えるということは、日々の管理にとっても勉強の復習という意味でも、いい方向にはたらくのです。

ノートの日付と日付の間に割り込むようにして、勉強の記録が残っていきます。毎日の生活記録と一緒に学習内容を見返すことで、「あれをやった日にこれを覚えた」というつながりも生まれ、記憶の強化にも役立ちます。

❷ 好きなことの記録と組み合わせる

私が毎日続けているのは外国語学習ですが、編み物の記録でも、料理の記録でも、スポーツでも、自分が好きで続けていることならなんでもいいのです。自分が大好きなことと手帳を組み合わせると、定期的に手帳に記録するという行動を暮らしの中に組み込めるようになります。

つい、テーマごとに専用のノートをつくってきれいに整理したくなりますが、几帳面ではなく飽きっぽい私のようなタイプの人は、ノートを分けると結局どれも続かないということになりがちです。

すべての記録を1冊のノートに書き込むと、時系列で書いてあるので記憶がたどりやすく、求める記録を見つけやすいと感じています。

予定管理ツールとしての私の手帳

学生時代の私にとって、手帳はたくさんの予定を忘れないでおくための「スケジュール管理ツール」でした。

年度の初めに買った市販のスケジュール帳は、部活やバイトの日程、友達に会う約束、レポートの期限などで埋まっていました。

会社員になってからは、仕事の予定はシステム手帳に書き込んでいました。システム手帳は、ページを自由に追加したり並べ替えたりすることができるので、専門用語のリストなどのコンテンツがどんどん増えていっても、ぜんぶ一緒に綴じておけて便利でした。

分厚くなっていく手帳を見ることで、仕事への満足感も得ていたように思います。

生活とともに変わる手帳の使い方

結婚して仕事を辞め、2児の母となった私の生活は一変します。

久しぶりに買ったスケジュール帳に、「母親」という役割以外の自分を書き込みたくて、いろいろな計画をあれこれ立ててみても、ちっとも思うとおりにはいきません。

近くに親戚も頼れる友人もおらず、夫は激務で深夜帰り。

今でいう「ワンオペ育児」の日々のなか、「やりたいことがなんにもできない」というフラストレーションだけがたまっていったのです。

やりたいことをやるための手帳へ

小さな子どもとの生活では、出産以前に使っていた手帳やスケジューリングの手法はほぼ役に立ちませんでした。

試行錯誤を重ねていくなかで、私の手帳はそれまでのスケジュール管理とは別の形で、「やりたいこと、やったことを記録する」ツールとして機能するようになっていきました。

手帳につけた記録を確認しながら、状況に応じて適切な行動をとることで、理想的な「プランA」に少しでも近づけたい……。

私にとっての手帳は、日々の暮らしの中で自分自身が生み出した、たくさんの「プランB」、つまり理想に近づくための次善策をためこんでおく場所になったのです。

手帳を続けるコツは、「なんでも書けるノート」を使うこと

私はこれまで、いろんなサイズ、いろんなメーカーの手帳を使ってきました。手帳マニアと言ってもいいかもしれません。

使い始めは張り切っていろいろ書き込んでみるものの、次第に失速して、手帳の後半は空白のページが目立つようになっていました。

そんな私が、ここ2年ほどは、年に3、4冊のペースでノートを使い切っています。

こんな感じで、A6サイズのハードカバーの手帳が積み上がっています。サイズ違いのノートに浮気したこともありますが、記録のつけ方のベースは同じです。

これまでに使ってきたさまざまな手帳と、いま続いている手帳と、何が違うのかと考えてみました。

その結果、私にとって手帳を続けるコツは、「なんでも書けること」だったのです。


最初は、2011年にモレスキンを使いはじめ、1冊のノートになんでも書き込んでしまうノート術の快適さを知りました。

同じころ、ダイソーで売っているモレスキンによく似たA6ハードカバーノート、通称「ダイスキン」と出会います。

モレスキンを前にして、「高級なノートにこんなくだらないこと書けない……」と思うような些細な事柄でも、ガンガン書いていける気安さがよかったのかもしれません。

それ以降は、予定やタスク、リストなどなんでも記録するノートとして、ダイスキンをつねに携帯するようになりました。

いったん「なんでも書き込む」くせがついてしまうと、以前はもったいなくて使いづらかったモレスキンにも、「これは書くべきかどうか」など考えずにどんどん書き込めるようになっていました。習慣というのはおもしろいものです。

なんでも書き込める手帳のメリット

普通のスケジュール帳だと、1日に書ける量、書くスペースは限定されています。

そのため、メモをするときに、「今思いついたこれを、手帳に書くべきか、それともメモ帳に書き留めるか。手帳に書くならどの部分に書けばいいか、分量は多すぎないか」というような判断が必要になってきます。

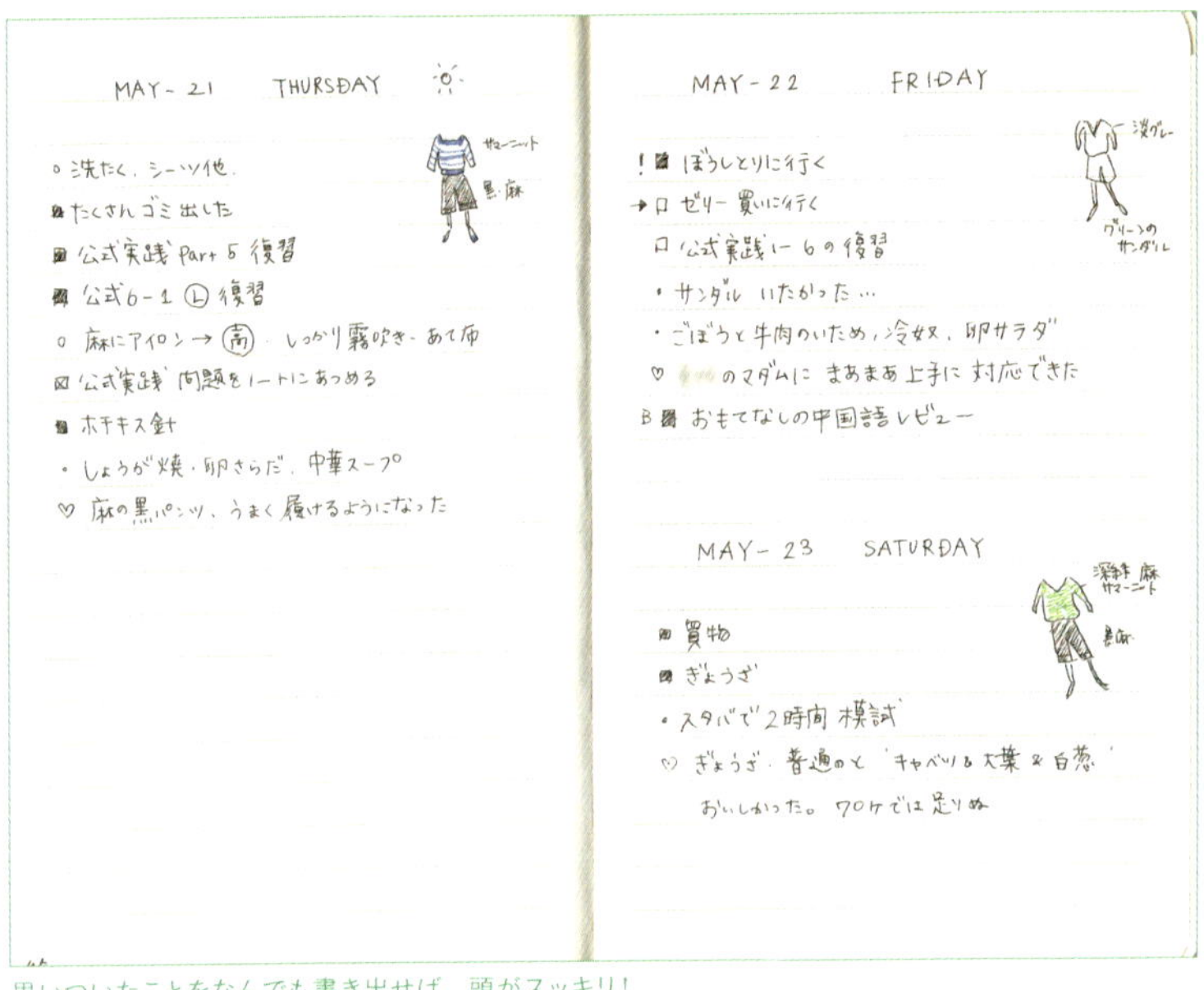

思いついたことをなんでも書き出せば、頭がスッキリ！

わずかなことかもしれませんが、この書く内容を制限される感覚が、少しずつ少しずつ、手帳の存在を私から遠ざけていったように思います。

思いついたこと、タスク、なんでも時系列で1冊の手帳に投げ込んでおいて、インデックスなどの検索を可能にする要素も加えた手帳術に慣れてくると、「記録する⇕見返す」のよい循環ができてきて、手帳をつねに携帯する習慣が身についていきました。

手帳にすべてを書き出すことで、「ごちゃごちゃな頭の中」も、少しずつ解消されてきたと感じています。

そして、バレットジャーナルへ

2013年にバレットジャーナルのことを知り、2014年から、バレットジャーナルの基本である箇条書きと記号（キー）を活用したスケジュール・タスク管理をはじめました。

・書く分量を制限されない。
・書く内容を選別しなくていい。
・書いたことを、あとで検索しやすい。
・一日のタスクに集中できて、タスクの完了・未完了がチェックしやすい。

市販のスケジュール帳ではなく、日付なしのノートを使うことで、これらの条件がすべて満たされました。こうして、ライフスタイルの変化にも柔軟に対応できる、私にとっての「続く手帳」が生まれたのです。

NOV-5　SATURDAY　☼

- ▨ (子)テスト 10:20〜
- ♡ (子)とスタバ
- B ▨ TEDict 使い方
- B ▨ Theodore Boone
- ♡ また Stand by Me 観た
- ♡ ステーキランチ
- ▨ 推敲 ~~10 page~~ 22 page

NOV-6　SUNDAY

- ▨ 9:00〜 子供会
- ▨ 買物
  - ▨ 牛肉　▨ 牛乳　▨ ゴミ袋
  - ▨ 卵　▨ 歯ブラシ　▨ 野菜ーキャベツ
- □ (子)ベッド下引出片付け →
  - □ 漫画本
  - □ カード類
  - □ レゴ、ラキュー
  - □
- ▨ (子)方程式見直し 21:00〜

バレットジャーナルのデイリーページ

どんなライフスタイルにも寄り添ってくれるバレットジャーナル

バレットジャーナルは、箇条書きと記号で構成されるシンプルさが大きな特徴です。

そのため、何の区切りもついていないプレーンなノートブックから、バーチカルのスケジュール帳、マンスリーカレンダータイプのフォーマットなど、どんなタイプの手帳にも組み込める自由さがあります。

バレットジャーナルのシンプルな仕組みには、仕事の内容やライフスタイルが大きく変わっても、そのときどきの暮らしにうまくフィットしてくれる柔軟性があるのです。

記録していないと、気づけないことがある

昔のノートを読み返していると、「いま、実を結びはじめていることの種をまいたのは、この頃だったのか！」と、自分の成長のスタート地点のようなものを確認できます。

同じような毎日の繰り返しだと感じていても、ノートを見返してみると、実は日々いろんなことが起きていて、喜んだり驚いたりしていることにも気づきます。

1週間、1か月では気づけなくても、1年、2年というスパンで見れば、続けていることには何らかの成果が生まれています。

記録を続けていくことでしか見えないもの、感じ取れないものもあることを、積み重なるノートが教えてくれるのです。

Bullet Journal
chapter

第3章

なんでも書き出しておけば安心！ あわてない！
つくると便利な「コレクション」アイデア集

ここでは、私がノートに組み込んでいる「コレクション」（自分の好きなこと、あるいは自分にとって必要なことの特集ページ）をご紹介します。

SNSでもいろいろなアイデアがシェアされていますので、自分に合ったコレクションを見つけてみてください。

できることリスト

家事や勉強時間など、所要時間をざっと見積もり、それをリスト化します。

所要時間ごとに分類することで、取りかかりまでのハードルが下がります。

朝、ノートに向かってその日いちにちのリストを作成するときや、長期的な学習計画などを立てるときに、この「できることリスト」の所要時間を参考にします。

たとえば「モップでなでる」をすき間時間にしておくと、あとのそうじがラクだと気づいてからは、こまめにやるようになりました。

【1分でできることリスト】

即座に実行できるリストです。このリストを見た直後に、なにか1つのことを完了させるのを心がけています。

- ダイニングテーブルの上のものを片づける
- テレビまわりをモップでなでる
- リビング棚をモップでなでる
- 例文帳を開いて眺める

【3分でできることリスト】

- 障子の桟をモップでなでる
- 洗面台のふきそうじ
- 洗面台のごみ箱の袋を取り換える

【5分でできることリスト】

- リビング・そうじきをかける
- 子供部屋・そうじきをかける
- リビング・フローリングワイパーでふきそうじ

* 1分でできることリスト *

・ダイニングテーブルの上のものを片付ける
・テレビまわりモップ
・リビング棚モップ
・勉強棚モップ
・例文帳を開いて眺める
・kindle 単語帳 check
・Quizlet check

* 3分でできることリスト *

・障子の桟モップ
・洗面台拭きそうじ
・洗面台ごみとり

* 5分でできることリスト *

・リビング そうじき
・子供部屋 そうじき
・リビング クイックルワイパー
・ろうか クイックルワイパー
・レンジ回り拭く
・シンク回りそうじ
・玄関掃きそうじ
・ベランダ掃きそうじ
・音読

◎ TOEIC勉 できることリスト ◎

1分
・復習メモ(ふせん)見返す
・Part2-4 問題シャドウイング or 音読
・辞書ひき
・辞書リレキ check

5分
・金フレアプリ
・Part5 アプリ
・リスニング問題1問
・Part5.6 復習
・SP 1問 解く
・WP 本文1セット
・リスニング本文音読
・語い 音声きく

15分
・Part 7 精読
・TED
・リスニング各パート通して解く

20分～
・Part5.6 解く
・Part7 解く
・模試

○分でできることリスト

「モップでなでる」を1か所実行すると、実際はほかの場所もついでにやってしまうので、所要時間は5～10分になるのですが、それで問題ありません。
私は1つのことに取りかかると、ついでにいくつかのことを一緒にやってしまうようなので、その場所を徐々にずらしながら毎日5分でも実行すると、部屋がきれいに保てます。

取りかかりやすさをアップするための「〇分でできることリスト」です。

ざっくり家計簿

私はズボラな性格なので、きちんと家計簿をつけて、収支を合わせられたことがありません。ちょっとでも使途不明金が出ると、もう嫌になってやめてしまいます。悪い完璧主義の見本です。

そのため、家計簿をきっちりつけることはすっぱりとあきらめ、光熱費と日々のレシートの金額だけでも手帳にメモすることにしたら、意外に続いています。
ひと月、または数か月に一度、ノートの記録を見ながらExcelでつくった収支表に入力して、ざっくりした分析ができるようにしています。

NOV-11 FRIDAY

♡ ☑ ハリポタ新刊
☑ シグノ オレンジ
☑ 明日のおもたせ買う　　(本) 1.944
♡ かきあげ　　(菓) 1.080
・ Magic Tree House 3. 4.　　3.825
・ ネイル 紺色　　6.849
・ カレンダーほしい
・ おでん 来週

＊ UTILITY COST ＊

1	12000	8000	
2	14000	8000	5000
3	12000	7000	
4	9000	7000	5000
5	7000	7000	
6	7000	6000	6000
7	10000	5000	
8	12000	5000	6000
9	10000	6000	
10	7000	6000	5000
11	7000	7000	
12	10000	7000	5000

5/14
A定期 500　　A学資 1.000
B 500.　　B学資 1.000
C① 500
C② 500
子供① 100
子供② 100
合計

上から、日々の支出メモ、光熱費リスト、資産リスト

ひと月に一度、銀行に行って記帳をしたあと、資産リストを作成しています。

体調管理表

若いころは、体調とメンタルの因果関係について考えたことがあまりなかった私。でも、子どもが大きくなるにつれて、身体がきつかったり気持ちが不安定だったりするたびに、家族や周囲に影響を与えてしまうのが嫌で、しばらく記録をつけていたことがありました。

やけに腹が立ったり、やけに悲しくなったり、そういう感情の高ぶりがどうにも抑えられないことがときどきあります。

感情を抑えられない自分がダメなのかも……と考えがちな時期もありました

が、記録をつけてみると、体調と気分には、なにかしらの因果関係があるようです。

自分の心身の状態に対して、これまでいかに無関心だったか、最近になってようやく気がつきました。


それからは、不穏な兆候を自分で感じたら、家族にあらかじめその旨を伝えることで、お互いが無駄にぶつかったり傷ついたりしないようにしています。

身体も心も疲れているなと感じたら、とにかく睡眠を取ります。あらためて、睡眠が健康の基本だと実感しています。

* HEALTH TRACKER *

	1	2	3	4	5	6	7	8	9	10	11	12	13	14	15	16
*												×	×	×	×	×
					×	×					×					
											×					
Zzz												×	×			
ねつ																
頭痛								×	×							
天気									×							

体調管理表

ハッピーリスト

ＳＮＳで流れてくる楽しそうな投稿を見て、うらやましく感じることがあります。でも、その「楽しそうな感じ」は、私自身が頭の中でつくり上げた想像上の産物でしかありません。

フィクションをねたんでもしかたない。そこで、自分の手帳から楽しいことだけを選んで集めたリストをつくってみたら、思った以上にいい気分になりました。

デイリーログのうれしかったことには「♡マーク」をつけておきます。

この「♡マーク」の行を緑色のマーカーでハイライトしておくと、ノートを見返すときに、できたことや楽しかったことが目に入りやすくなるので、おすすめです。

JAN-17 TUESDAY

- ☒ イオン銀行入金
- ☒ ゆうちょ記帳
- ☒ イオン買物
- ♡・ビーフシチュー
- →☐ 車点検予約
- ・アランハニカムのスヌード
- ♡ iPhone 売れた 28000
- ☒ iPhone 発送準備
- →☐ 節分祭 詳細カクニン

・谁又真的比别人都强，只不过这些年
殚精竭虑，只想着这一件事，自然就会周全许多。
・徐而图之

* ハッピーリスト *

ないものは数えない、
やってきた幸せを数えよう♡

- 1/25-26 一泊旅行 P25, 27, 36-38
- 1/30 Yちゃん女児出産 P30
- 2/7 Mさんとランチ P45
- 3/10 Android購入 P47
- 3/30 合格!! P52
- 4/10-11 一泊旅行 P57-62
- 5/10 舞台見にいく P80, 81
- 5/24 美術館 P121
- 6/5 イベント当選 P130
- 6/11 野球観戦 P138

デイリーログの「♡マーク」を「ハッピーリスト」に

さらに、「コレクション」として、ハートのついた項目を一覧にしたものをつくります。これが「ハッピーリスト」です。

誰に見せるわけでもない、自分だけの楽しいタイムライン。

人と比べて自分にないものを探すより、自分が得たものを大切に味わう方が断然、心が安らかになります！

ポイント制タスク管理

もともとは1か月の日付が入ったマンスリーシートを使い、できたらマスを埋めるという方法を採用していました。◯か×か、0か1かという記録方式です。

「目標達成はしていないけれど、とりあえずやることはやった」というようなときは、マスを半分塗ることで不完全燃焼具合を表現していました。

マスを埋めるだけでは最近マンネリを感じていたので、ちょっと違う要素を

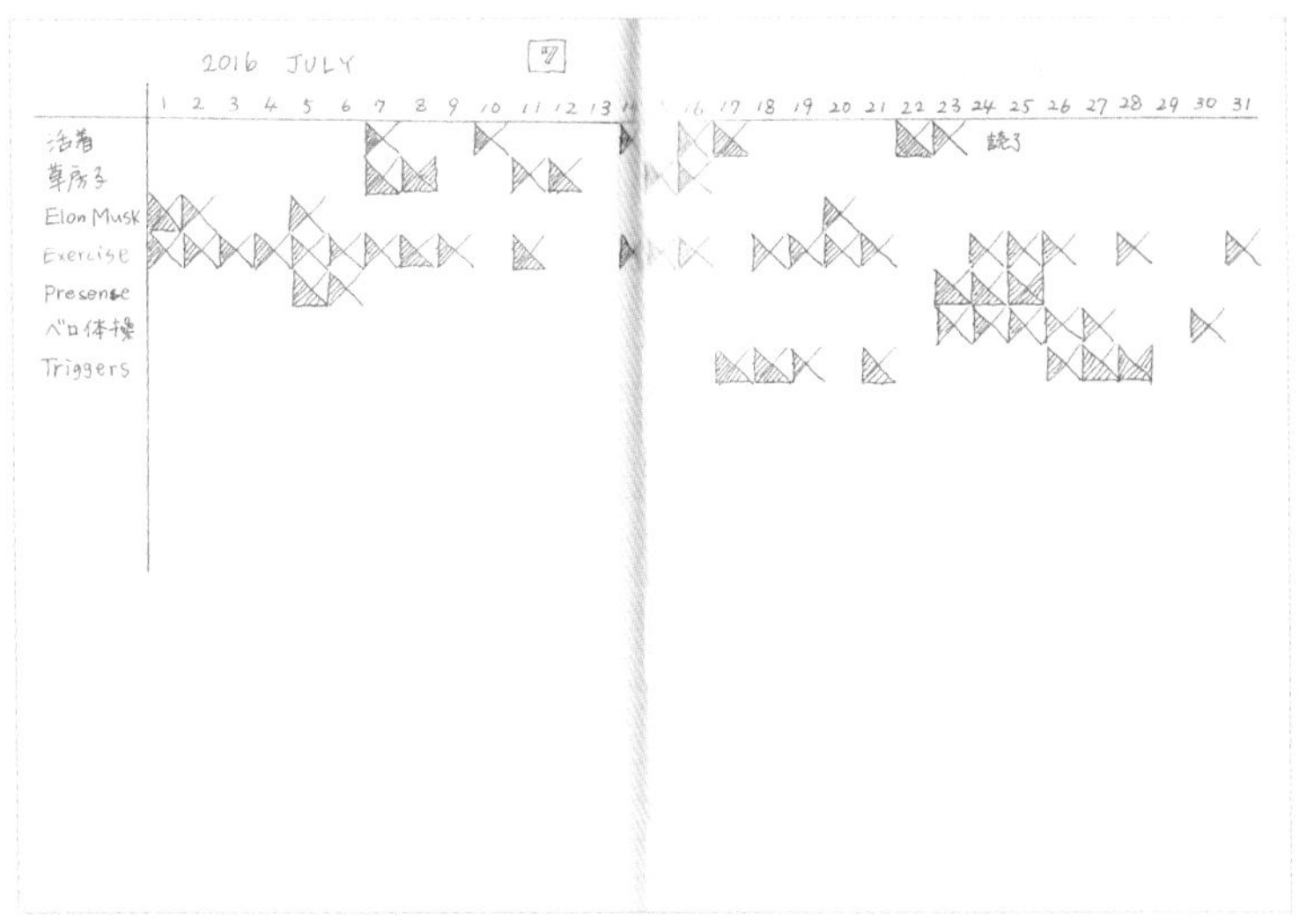

ポイント制のチェックシート

【原書読書】

1ポイント…30分または
Kindle進度の〇％

【そうじ】

1ポイント…5分

【エクササイズ】

1ポイント…1セット

ポイント設定の例

取り入れてみようと思い、達成度に応じて4段階に分けて記録してみることにしました。

マスに×印を書いて、4つの区画に区切ります。区切った1区画が1ポイント。1日最大4ポイントがつけられます。

この方法でよかったのは、上限も設定できるので、やりすぎが防げること。

とにかくやりたいことが最優先、やりたくないことは全部後回しにしてしまいがちな私が、読書に没頭しすぎてほかのことがおろそかになるのを防げています。

引っ越し関連リスト

私は比較的、引っ越しの多い人生を送っています。

子どものころは親が転勤族で、結婚したら夫が転勤族でした。

夫婦2人だけの引っ越しは気楽なものでしたが、子どもができるとともに家のサイズも大きくなり、やらなければいけない事務も増えていって、だんだん気の重いイベントになっていきました。

荷造りは業者さんにおまかせすることにしていても、やらなければならないことは山のようにあります。そこで、抜け漏れがないように、ノートにチェックリストをつくってタスクをこなしていきました。

便利だったメモをいくつか紹介します。

〈引っ越しそうじチェックリスト〉

＊ 引越そうじタスク一覧 ＊

- □ 寝室本棚 いらない本 整理 → □ 本 つめる
- □ テレビ棚 DVD → □ 〃
- □ リビング本棚 整理 → □ 〃
- □ リビング・ウォールポケット □ 本 売る
- □ 台所 食料品棚
- □ 台所 不要品 check
- □ 子供雑貨引出
- □ 自分の書類箱
- □ PC横 書類箱
- □ 脱衣所 棚
- □ 洗濯機 中と外そうじ
- □ ウォークイン 上の棚 確認
- □ トースター そうじ・メンテ
- □ 台所 レンジ回りそうじ
- □ クリーニング とりに行く
- □ 食器棚下 不要品 check
- □ でんわ棚
- □ 子供 箱詰めさせる
- □ 菓子買う

〈引っ越し準備チェックリスト〉

《引越準備チェックリスト》

- ☐ 耐震シート買う
- ☐ シーリングファン 〃
- ☑ 冷蔵庫 MR-R47
- ☑ 万能バサミ SST-250
- ☑ ダイニングの照明
- ☑ ワイシャツ
- ☐ ベッド
- ☐ ドライヤー
- ☑ ひかりTV
- ☑ はいしゃ予約
- ☑ ハンガー
- ☑ 小学校Tel リコーダー、上ばき、他学校指定OK？
- ☐ 自分のはいしゃ
- ☑ 勉強机
- ☑ ダイニングマット
- ☑ デスクマット
- ☑ テレビ
- ☐ レンジ
- ☑ カーテン サイズもっていく
- ☑ 布団クリーニング
- ☑ PC バックアップ

このほか、家具のサイズリストや家電の品番リストなどもつくりました。

引っ越し屋さんのパンフレットに書いてあった事務手続きリストがとても役に立ったので、次の機会でも使えるようにデジタル保存しています。

年賀状プロジェクト

毎年早めに準備しようと思いながらも、なかなか重い腰を上げることができず、年賀状を投函するのは、いつも年の瀬が押しせまるころになってしまいます。

2016年は思い切って、「年賀状プロジェクト」と銘打ち、年賀状をつくるためにやらなければならないことをリストアップしてみました（131ページ）。

このタスクをさらに細分化し、実際のタスク1つひとつにどのくらいかかるか時間を計りつつ年賀状をつくり、投函までの一連の流れをチェックリストにしたのが133ページの写真です。

☆年賀状プロジェクト☆

□ 去年の枚数チェック
□ 子供の枚数 〃
□ デザイン候補
□ インク購入
□ 子供に印刷面データ作らせる

年賀状関係でやるべきことを箇条書きに

つい「年賀状をつくる＝面倒」と思ってしまいがちですが、こうしてリストにしてみると、１つひとつのタスクはそれほど手間のかかるものではないということがわかります。

あれこれ理由をつけて先延ばしにせず、時間のかからない小さなタスクから先に少しずつ片づけておけば、印刷とコメント書きという大仕事は半日で終わらせることができそうです。

去年このリストを完成させたとき、「これで来年はクリスマスを過ぎてあせることなく、早めに投函できるぞ……」とにんまりしたのですが、さてどうなることでしょうか。

今年こそは、このリストを活用して早めに投函できるようにしたいところです。

☆年賀状チェックリスト☆

- □ 去年の枚数チェック (10min)
- □ 子供の 〃
- □ デザインえらぶ (20min)
- □ インクチェック (5min)
- □ インク購入 (15min)
- □ 子供psdデータ作らせる (1h)
- □ 年賀状購入 (予)+3枚
- □ 喪中・住変チェック (15min)
- □ デザイン面印刷 (30min)
- □ 子供 〃 (しっかりcheck)
- □ 宛名面印刷
- □ 一言書く (45min)
- □ 投函

タスクをさらに細分化してチェックリストに。
所要時間も書いておくと、のちのち便利

旅行記

とにかく、なんでも貼りつけます。スタンプも押しまくります。「あとでゆっくり整理しよう」と思ってパンフレットなどをためこんでおいても、ほぼ実行できないので、旅行中にどんどん貼りこんでいくようにしています。

一日乗車券や入場券も貼りつけます

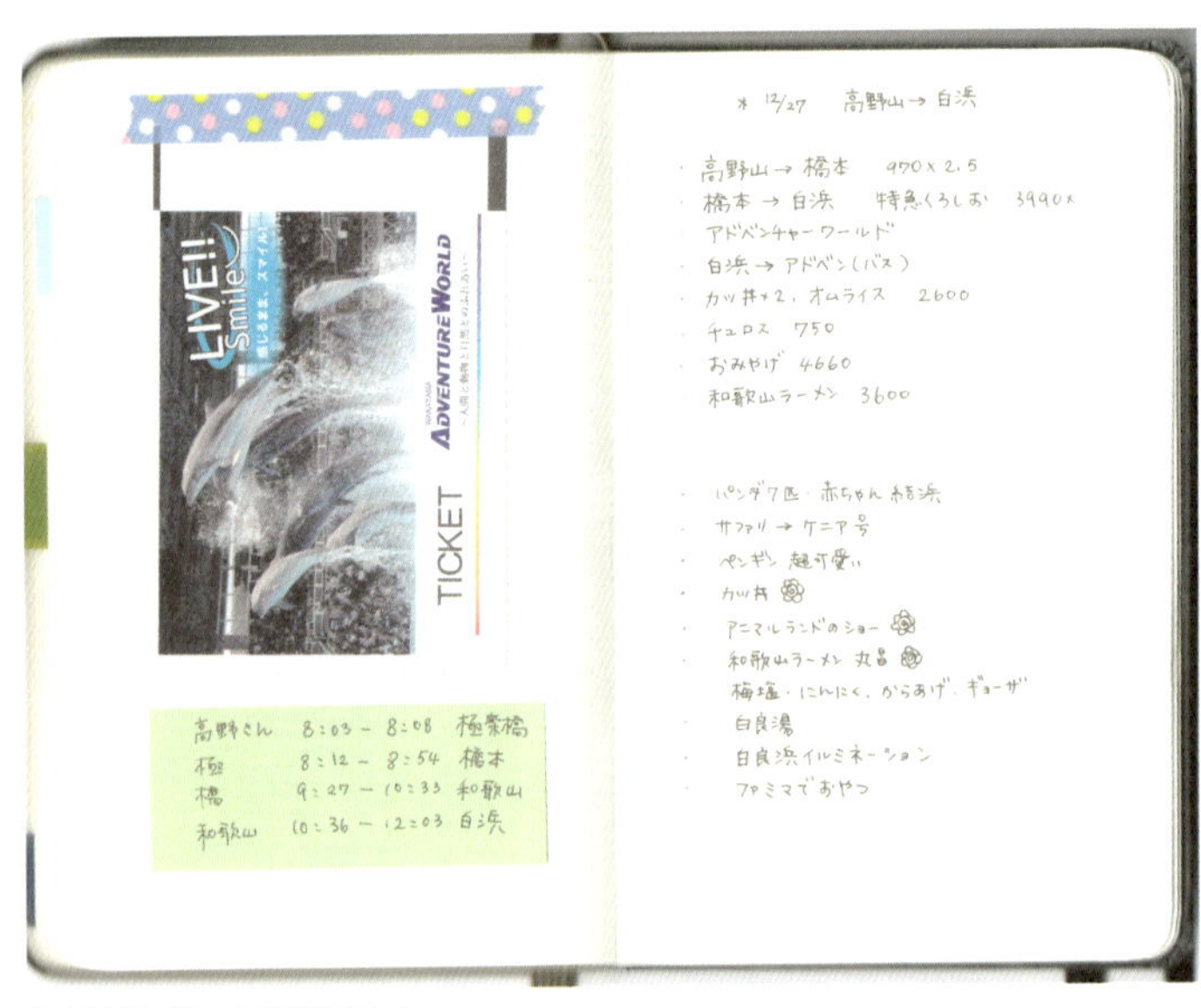

旅の記録、使った金額もともに

学習の記録

私は、仕事や家事、育児のかたわら、趣味の語学学習にも精を出しています。学習記録をつけるのにも、バレットジャーナルが大活躍してくれています。

先ほども出てきましたが、私は手帳にマスをつくり、ひたすらそれを埋めていくやり方が気に入っています。

その際、勉強した時間ではなく、問題数やページ数ベースでの記録としています。

1マスあたりのタスクが10分程度で終わるくらいの量にしておくと続けやすいからです。

語彙のテキストの場合、全部覚えてから先に進もうとすると、全然進まなくなります。足踏みをするよりは少しでも前進しようという方針から、まずはざっと目を通したあとで何度も見直す方法をとっています。

〈中国語検定対策勉強のチェックリスト〉

全部で300個の成語（四字熟語）が習得できるテキストの進捗管理表です。方眼ふせんに3×10＝30個のマス目を書き、成語10個を覚えたらマスを1つ塗る（日付を入れる）この仕組みは、手早く作表できることに加え、毎日その日のページに貼り直せるのが便利でした。

●1回目

1回目は、成語10個を読んで辞書引き、音読するだけといった軽い負荷の学習をしました。1週間ほどで1冊に目を通すことができています。

マス目を埋めることがモチベーションに

●2回目

次に2回目。同じように、成語10個を1マス分のノルマとしてこなしていきます。

●3回目

3回目は、1回目の表の上に赤で×を入れる形で、記録をつけていきます。

3回目ともなると、覚えていないものだけをチェックしていけばいいので、かなりスピードが上がります。

それでもあやふやなものは単語帳アプリに登録して、時間のあるときに目を通します。この方法でしっかり覚えることができました。

〈学習記録用のマンスリーシート〉

学習記録には、月間の日付が入った表を使っています。

マスを塗りつぶすだけのときもありますが、写真のように学習内容がわかる

学習したことを記録するマンスリーシート
(pdf de calendarを使用　http://pdc.u1m.biz)

ようにしておくと、後から振り返ったときに、自分の学習ペースがよくわかります。

TOEIC模試の成績記録

ＴＯＥＩＣのスコアアップのための勉強をしていたころの記録です。

左ページに模試のパート別スコアを記録する表をつくりました。右ページは空白のままにしておいて、模試を解いたときの感想をその都度残しました。

殴り書きで、線も曲がりくねっています。色ペンもそのとき手近にあったものを適当に使っていて、統一感がまるでありません……。

普段のページについても、多くはこんなふうに走り書きで、正直、人にはあまり見せたくないしろものです。

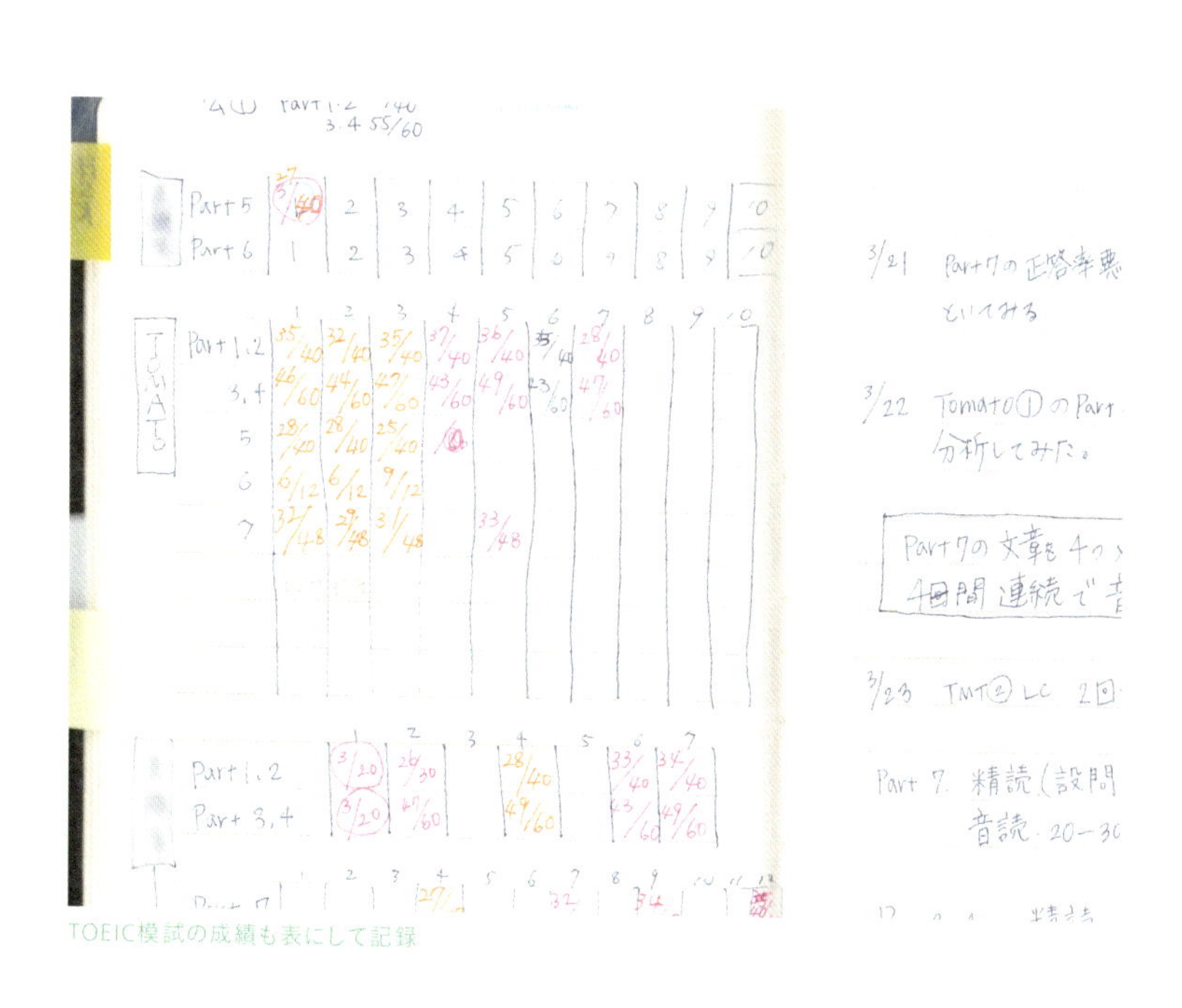

TOEIC模試の成績も表にして記録

でも、このスコア管理ページは、「ＴＯＥＩＣ目標スコア取得」という自分の目標を実現するための道具としてよく機能しました。

「ノートがきれいに書かれているかどうかは、それほど重要ではない」と伝えるのにぴったりな事例なので、そのまま掲載しています。

多読の記録

多読を始めたころの記録です。ＧＲ（レベル別に語彙数が制限された英語学習者用の読み物）なので、1冊数分〜数十分で読み終えることができるのがうれしくて、はりきってチェックを入れていました。

数字を積み重ねていくのが好きなタイプの方には、読んだ冊数やワード数を記録することでモチベーションを維持できるので、おすすめの方法です。

2010.11〜 多読 PGR2〜3

11/21	☑	FLYING HOME ① 6分
11/14	☑	FLY AWAY HOME ①
11/20	☑	The wave ②
11/23	☑	The Ghost of Genny Castle ②
12/9	☑	The Road ahead ③
11/25	☑	The cay ②
11/24	☑	The Railway Children ②
12/17	☑	Wind in the Willows
12/14	☑	Babe the Sheep-Pig
12/6	☑	Story of the Treasure Seekers ②
12/8	☑	The Mummy ②
12/7	☑	Money to Burn ②
12/8	☑	Men in Black ②
	☑	APOLLO 13 ②
12/7	☑	The Weirdo ②
11/24	☑	White Fang
11/24	☑	Stranger than Fiction ②
12/14	☑	John Doe (Level 1)
12/14	☑	Just Like a Movie (〃 1)
12/13	☑	Freckles ②
12/19	☑	Don't look now ②
12/22	☑	Chime Story ②
12/20	☑	The Full Monty
12/20	☑	Emil and the Detectives
12/26	☑	The Theif in the village

読み終えたものにはチェック印と日付を

旅行の持ち物チェックリスト

子連れ旅行は楽しいけれど、骨が折れます。移動もですが、準備が大変。

というわけで、旅行の前には、旅行の持ち物リストが大活躍します。季節別、目的地別でいろんなバージョンのチェックリストをつくって、使い回していま す。

一度つくったリストにわかりやすいタイトルをつけて保存しておくだけで、旅行前の準備に対するストレスがかなり軽減します。

たとえば、「実家に帰省編」「アウトドア編」「海外旅行編」など、シリーズも充実。

これは、紙ベースではなくEvernoteに保存して、必要なときにはデジタルデータを参考に、そのときどきでアレンジを加えつつノートに転記しています。

もちもの
【ショルダーに入れる】
パスポートポーチ（現金・パスポート入り）
旅財布（クレジットカード・現金）
ガイドブック
ポケットティッシュ
ウェットティッシュ
ハンドタオル2枚
メモ帳・ペン
kindle
iPod Touch
ビニール袋
エコバッグ
充電器
【パクパクポーチ】
常備薬（手元用）
・解熱剤
・酔い止め
・正露丸
もちもの
【バックパックに入れる】
セーター　1枚
インナー 2枚
下着　2セット
トレーナー、暖パン
タオル　2枚
ポケットティッシュ
ウェットティッシュ
ブラシ(髪用)
歯磨きセット
シャンプー、リンス
洗濯用ネット
エコバッグ
たためるボストン
携帯用充電器
ジップロック大小
常備薬（手元用）
・解熱剤
・酔い止め
・正露丸
海外旅行持ち物リスト

また、毎回どこかに出かけるたびに、子どもに持ち物チェックリストを見せ、自分の荷物は自分で準備させるようにしていました。

小さな頃からのトレーニングの賜物か、小学校高学年のときに実施される宿泊訓練のときには、学校で配布されたチェックリストを見ながら、親の手を借りずに一人できちんとパッキングできていました。

中学生の子どもは、「リップクリーム・ハンカチ・生徒手帳・髪ゴム」といった、登校前のチェックリストを自室ドアに貼っています。

コーピングリスト

私は心の悩みがまっすぐ腸を刺激するタイプのようで、ちょっとつらいことがあると、すぐにおなかの調子をくずしてしまいます。

悩むのに時間を取られると、家の中のそうじにも手が回らず快適に過ごすことができない環境になり、心身ともに荒れていきます。悩まなければいいとわかっていても、そんな気持ちを引きはがせないこともあるのです。

ストレスから解放されるためにどうすればいいか。

ストレスを与えるものに振り回されないですむにはどうすればいいか。

いま世の中では、ストレスを軽減させる方法として、「運動」「マインドフルネス」「コーピング」の3つが推奨されています。

「マインドフルネス」は、瞑想によって「今」に集中し、自分の心の中にある悩みなどを無駄にふくらませないようにする方法です。

運動は体を疲れさせることで、ストレスに対して鈍感でいられるようにするという効果があるそうです。

最後の「コーピング」は、あまり聞きなれない言葉ですが、認知療法の1つで、

- ストレス解消法をリストアップ
- ストレスを感じるたびにリストから実行
- 効果があったかどうかをチェック・採点

の手順を繰り返すことで、ストレスへの対処法を覚えていき、ストレスから受ける悪影響を減らしていこうとするものです。

« COPING LIST »

1. Burlesqueを観る
2. ネイルをしてもらう
3. 海まで歩く
4. おいしそうなレストラン探す
5. 旅行のプラン立てる
6. ライブDVDを観る
7. スタバで甘いもの飲む
8. コンビニスイーツ買いに行く
9. 温泉に行く
10. ブログを書く
11. ホリデイを観る
12. ぶらさがる
13. ベランダきれいにする
14. ワイン買いに行く
15. ようこちゃんに連絡
16. Zentangle
17. 映画みにいく
18. 寝まくる
19. ネイル、化粧品買いに行く
20. パウンドケーキ焼く
21. バランスボールに乗る
22. 甘いカフェオレつくってのむ
23. 気になってる所を1ヶ所片付ける

26. 楽しかったことリストまとめる
27. 誰かに話す
28. すてきなノートを買う
29. すてきなペンを買う
30. ネットで買いたいもの探す
31. 欲しいものリストつくる
32. 服を買う
33. 服の整理
34. くつを買う
35. くつをみがく
36. スマホアプリ整理
37. 知らない人に話しかける
38. 親切をする
39. 布と糸と針でなにかつくる
40. 編みもの
41. 新しい言葉をまなぶ
42. 写真の整理
43. 歌詞を1曲おぼえる
44. 大きい声で歌う
45. ラジオ体操
46. Create Something
47. ナッツを食べる
48. おいしいチョコを食べる
49. 本を売る

100個のストレス解消法を箇条書きに

一番いい解決法は、ストレスの原因をなくすことなのかもしれませんが、実際にはそう簡単にはストレスのもとを自分の環境から消し去ることはできません。

コーピングスキルを身につけることでストレスにうまく対処し、自分でストレスから受ける影響の大きさをコントロールできるようになる方が、現実的といえそうです。

ストレス解消法を並べたリストをつくるときは、なるべくジャンルを広くして、リストの数は１００個にするのがよいそうです。

リストをつくったらこの解消法を実践してみて、効果があったかどうかチェックをしていきます。

ふだんの暮らしの中で、できるだけこの「ストレスをためずに発散する方法」のストックを増やしておくことで、自分がより快適に過ごせるような環境を整えています。

COLUMN

アナログ手帳とデジタルツールをどう併用する？

すぐ見られる、記録できる状態なのが理想

ノートはつねに携帯して、すぐ見られる状態にあることが理想です。

私は紙とペンを使っての記録がメインですが、今ではメモをとるのはスマホで、という方も多いのではないでしょうか。

記録方法はアナログ・デジタルにこだわらず、それぞれのメリットを活かしつつ、自分に合ったツールを使っていけばいいと思います。

アナログとデジタルの棲み分けをどうするか

ほかの人はどうなのかわかりませんが、ペンで紙に字を書くのと、スマホでフリック入力するのとでは、記録しながら思い浮かべていることに対して頭の

働き方が違うように感じます。

手に負えなそうな大きなタスクをブレイクダウンしていくときや、比較的長期の計画を立てるときは、スマホ画面よりも紙面の方がスムーズにアイデアが出てきます。


デジタルの利点は、まず「アラーム・通知機能」。

日々のタスクは手帳で管理していますが、決まった時間にアラームを鳴らしてほしい場合は、スマホのカレンダーアプリなどに登録しておくのが効果的です。

私は、スマホなしで生活はうまく回らないと断言できるほど、アラーム機能を活用しています。


デジタルの利点でもう1つ忘れてはいけないのは、「簡単に検索できること」です。ノートの記録をデジタル保存しておけば、よりスムーズに過去の記録にアクセスすることが可能になります。

ノートをEvernoteに保存して検索性アップ

私は、一日の終わりに、その日のページをEvernoteに保存しています。

Evernoteアプリのスキャン機能を使うと、ただ撮影するだけでノートに書いてある内容をきれいに整えてスキャンしてくれます。

保存された画像は次ページです。補正して見やすく保存してくれるだけではなく、写っている手書きの文字も検索対象になるので便利です。

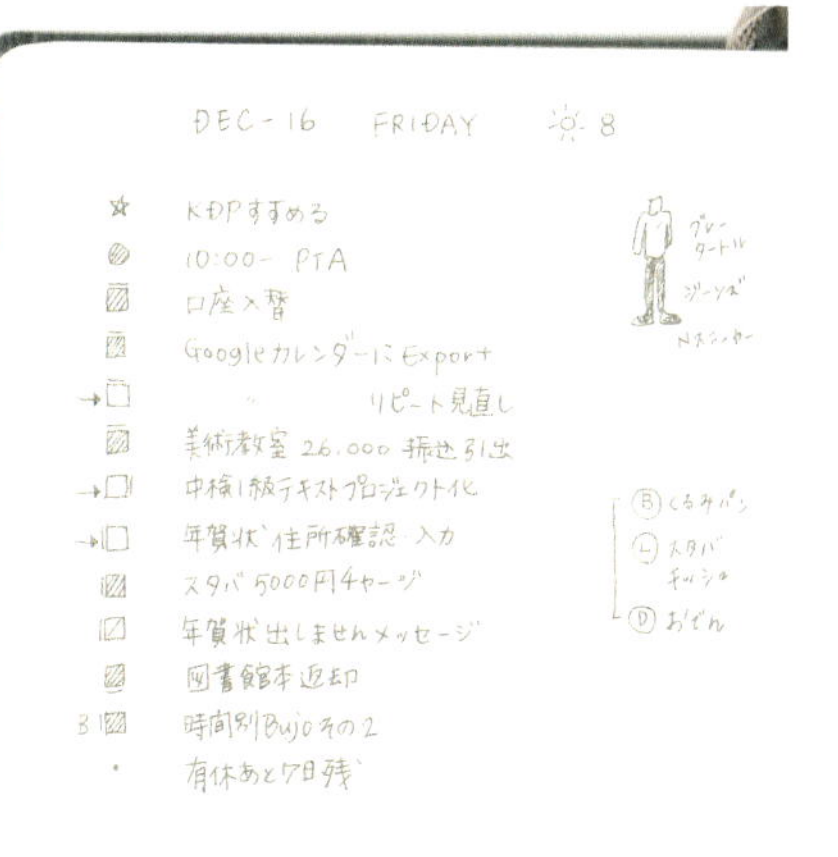

一日のログを撮影してEvernoteに保存

ためしに、「スタバ チャージ」でEvernote内の記録を検索してみます。

たいしてきれいな字ではありませんが、正しく読み取られ、検索結果が表示されました。

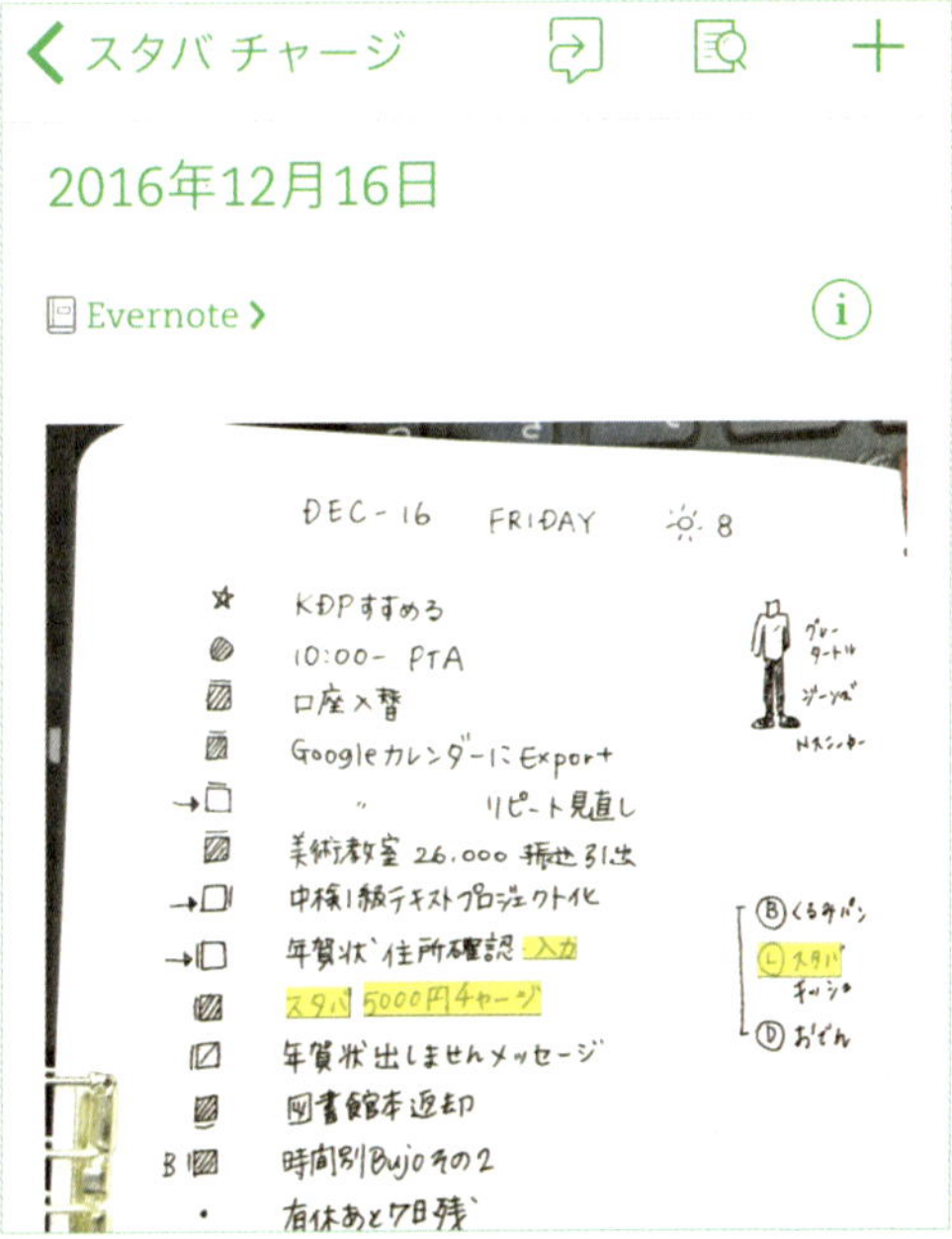

このように、暮らしの管理も学習記録の管理も、アナログとデジタルツールのよいところを活かしつつ、いちばん自分に合った方法を日々探しています。

そのアイデア探しが楽しみの1つでもあります。

画像内のテキストも検索対象になる

記録を1つの場所に集約したいが…

「記録を1つの場所に集約する」という点でいうと、スマホで記録を取るのが一番のように思えます。私も実際に一時期、手帳の役割をすべてスマホに集約させる試みをしていました。

記録を分析したり、より便利にカスタマイズしたりするには、デジタルデータの方が断然、便利でしょう。

ただ、スマホを開いたときに自分におそいかかるさまざまな誘惑と闘うのが、私にとってはとても大変で、あらゆることをスマホで管理するのはデメリットも大きいと感じました。

というわけで、今はアナログ手帳とデジタルツールを併用しています。

Bullet Journal chapter

第4章

アイデア盛りだくさん！今すぐ真似したい
みなさんのバレットジャーナル、見せてください！

no. 01

むやたんさん

ツイッター：@muyatan
Instagram：muyatan
ブログ：muyatan.hatenablog.com
文房具マニア、手書き文字愛好家。ロイヒトトゥルムでバレットジャーナルを運用。

――バレットジャーナルの、どこが気に入っていますか？

手帳のオフ会に参加した際に、教えてもらったバレットジャーナル。既製品の手帳ではメモ欄が小さくて、やることを別のノートやメモ帳に書いていました。でも、別々にすると見ないか、どちらかをなくしてしまうかでした。

手帳とやることリストを一体化させたことで、やらなければいけないタスクを忘れることがなくなりました。

すべてを1冊にまとめることで、ノートをなくす心配もないし、過去の情報は自分でつくったインデックスで検索性も抜群。

「自分が使わないから、これは削除しよう」「これをたくさん書くから、まとめのページをつくろう」などと、いま書いているページの次になんでも好きなように書けばいいという気軽さが、手帳の不満をまるごと解消してくれました。

それに、ノートじゃなくても、ルーズリーフやシステム手帳でもできる、自由さ！

バレットジャーナルは、既製品ではない、自分だけのための手帳を、その時々で進化させていけるシステムだと思います。

――どんなふうに使っていますか？

● ワクワクリスト

近い将来にかなえたい願望を書いて、行動に移すためのリストです。

● マンスリーページ

月曜日はじまりが好きなので、自分でつくりました！

月間の目標や月内に終わらせたいタスクも書けるように、スペースを多めにとってあります。

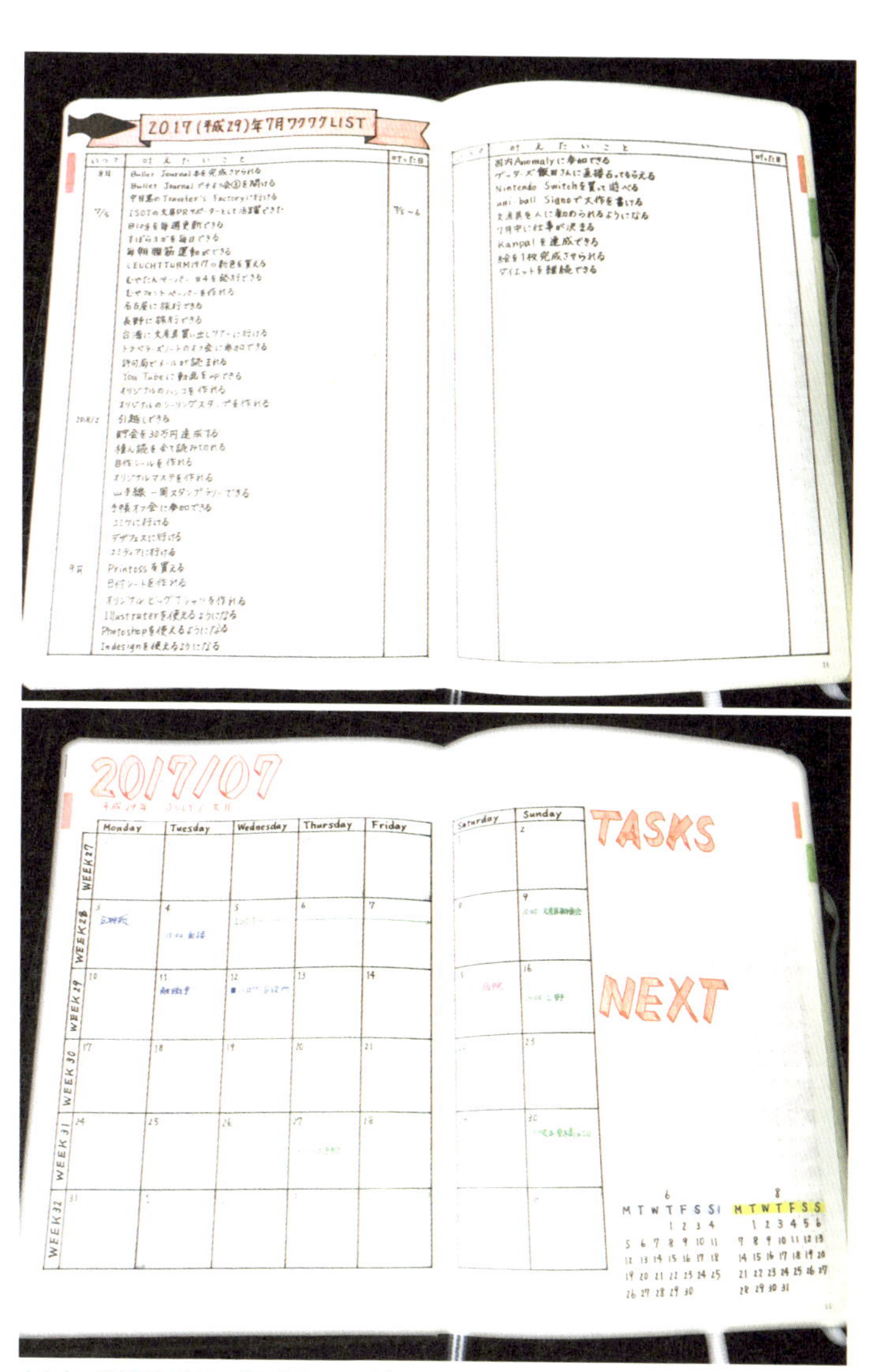

上から、ワクワクリスト、マンスリーページ

● コレクションページ

習慣づけたいことをきちんとできているかをチェックし、できていないことをちゃんとやるためのチェックリストとして使っています。

YouTubeのBoho Berryさんの真似をさせていただきました。

● Mood Mandala

毎日の気分を記録するものです。大好きな塗り絵と模様を書き込むために取り入れてみました。

上から、コレクションページ、Mood Mandala

no. 02

宮崎淳子（手帳社中）さん

ツイッター：@juunchan
Instagram：juunchan
ブログ：pocket-notebook.com

手帳好きが高じて、「手帳社中」という会を仲間と立ち上げ、手帳関連のイベントを関東中心に全国で開催しています。

「時間」「健康」「お金」という大切な資質を、上手に手帳で管理することによって、自分の「やりたいこと」をたくさんできるように、ごきげんな日々を過ごす工夫を考えています。

――バレットジャーナルを、どのように使っていますか？

平日は建設業系の会社で、主に事務職として働いています。仕事中のほぼすべてのタスク管理と記録を、バレットジャーナルを運用することでまかなっています。

ルーティンワークは、毎月⇓毎週⇓毎日にそれぞれを書き出します。それに加えて、突発で発生する仕事が多いので、出勤してすぐにその日の仕事を書き出して組み立てます。

発生して取りかかるまでに間のある仕事は、別紙に書き出してマスキングテープで仮留めしたあとで移動させます。

次ページが、キーとして使っているものの一覧となります。

タスク管理以外に思いついたこと、メールのやり取り、気になった言葉・英

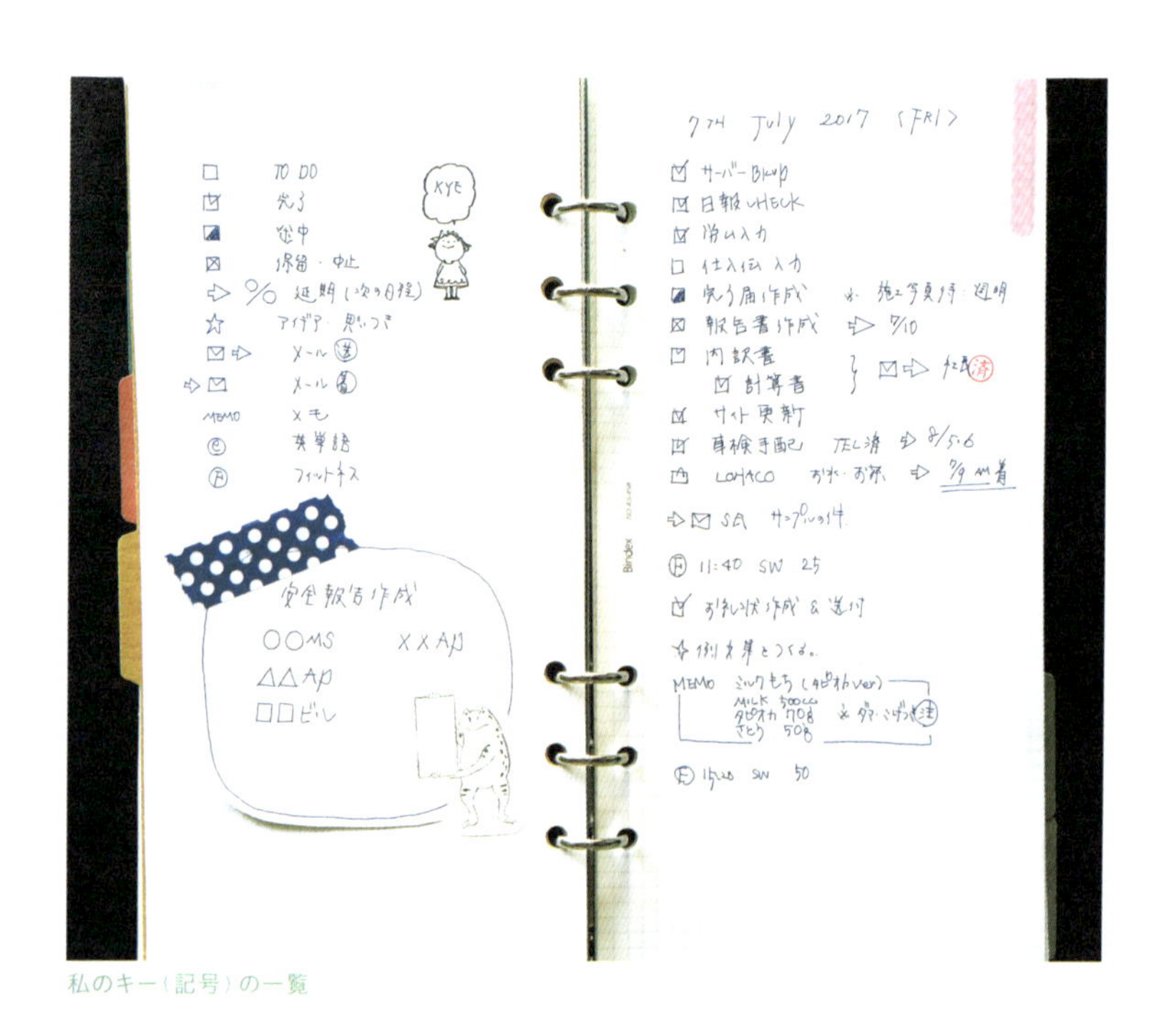
TO DO
完了
途中
保留・中止
延期（次の日程）
アイデア・思いつき
メール送
メール着
MEMO
メモ
英単語
フィットネス
KYE
安全報告作成
○○MS
××AP
△△AP
□□ビル
7TH July 2017 〈FRI〉
サーバーBkup
日報CHECK
消込入力
仕入伝入力
完了届作成
報告書作成
7/10
内訳書
計算書
済
サイト更新
車検手配
TEL済
8/5.6
LOHACO
7/9 AM着
SA サンプルの件
11:40 SW 25
お礼状作成 & 送付
MEMO ミルクもち（タピオカver）
MILK 500cc
タピオカ 70g
さとう 50g
15:20 SW 50

私のキー（記号）の一覧

単語など、なんでも書き出します。

また、デスクワークで身体がなまらないよう、席を立つたびに、軽く運動やストレッチをした記録もとっています。

私の場合、このバレットジャーナル以外にも手帳を使用しているので、これらの記録は後日、それぞれ日誌やライフログに転記しています。

本来のバレットジャーナルとは少し形態が変わっていますが、使い続けているなかで、自分にとって良い形に徐々に変化していると感じています。

no. 03

nyororo／狩野直子さん

ツイッター：@nyororo
Instagram：nyororo
ブログ：yanagihamidorihana.blog21.fc2.com
イラストレーター、水彩スケッチ教室講師。
バレットジャーナルには、「旅のしおり」として旅行の記録をしている。

――なぜ「旅のしおり」を記録しているのですか？

私は、岩手県盛岡市で水彩画を教えています。生徒のみなさんに「日常的に絵を描く楽しみ」をお伝えするなかで、「旅スケッチ」が生活の軸のようになっています。地方都市に住んでいるため、「旅の計画」はかなり綿密に組むのですが、「旅スケッチ」の補助として、「旅のしおり」をバレットジャーナル式に記録し、事前の作業や当日の動きなどのプランを立てています。

これをつくることによって、旅行の支度が楽になりました。特に外でスケッチをする場合、寒さ暑さの対策の目安になるので重宝しています。

――どのようにバレットジャーナルを使っていますか？

通常、私が「旅のしおり」として使っているノートは、「ジブン手帳」IDEA（KOKUYO）。

薄くてページの開き具合がよく、万年筆による筆記にも強いということで、2013年ごろから使っています。

以下、2014年に関西を旅したときの「旅のしおり」をもとにお話しします。

●インデックスのページ

すべてのページに、ページ番号を書き入れます。

インデックスページには、記入した内容がわかるようにして検索性を高めます。

●カレンダーとスケジュールのページ

旅をする月のカレンダーを手書きし、旅行の前後のスケジュールを把握できるようにしておきます。

普段つけている手帳と重複はしますが、旅行時は手帳を持参しないので、「旅のしおり」1冊ですべてが回るような前提で書くようにしています。

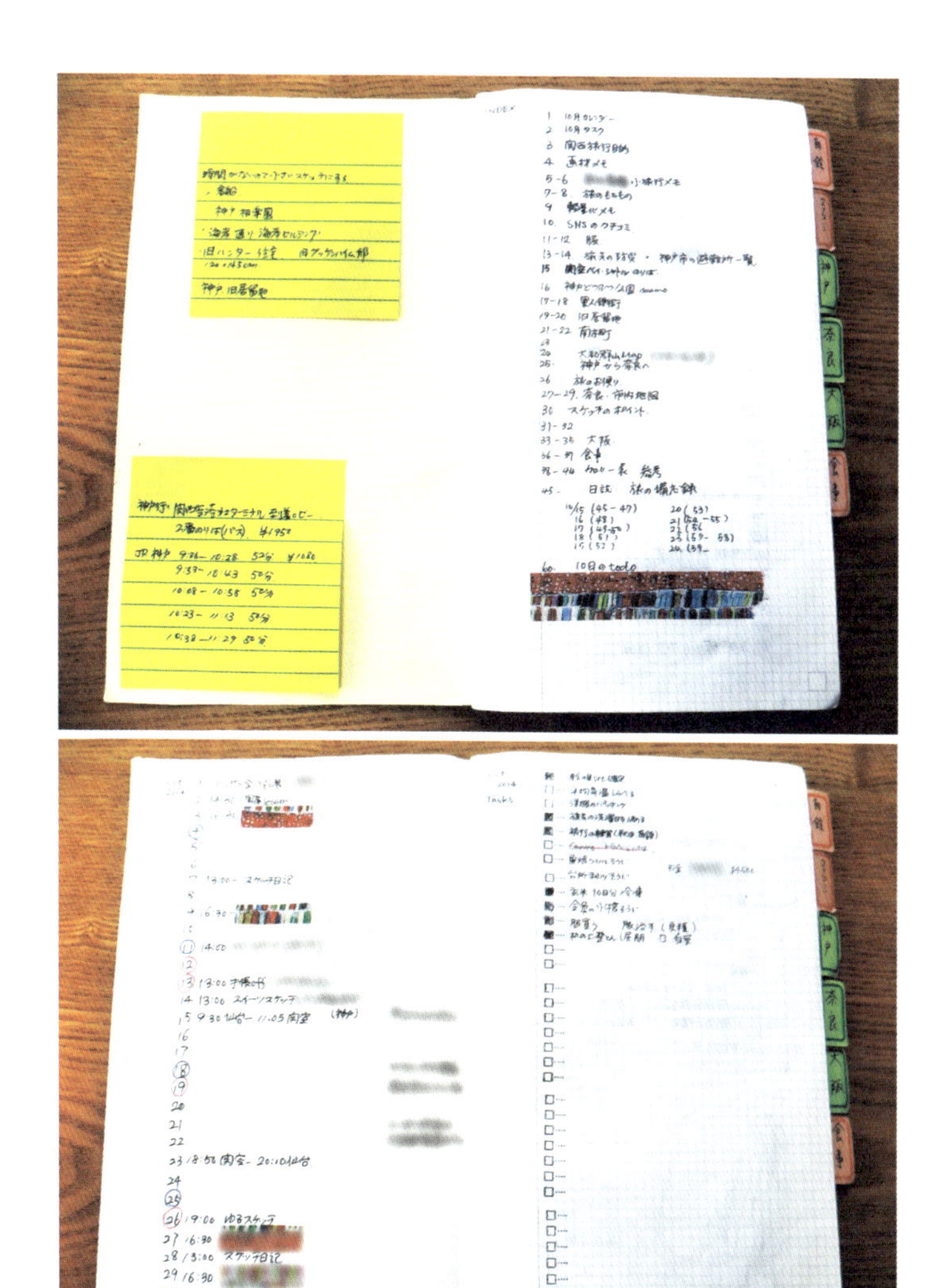

上から、インデックスのページ、カレンダーとスケジュールのページ

●持ち物とコーディネートのページ

「画材や服装」については、リストではなく絵にするようにしています。イラストにすることで、旅行時の気温を踏まえたコーディネートや荷物の軽量化についても考えながら、候補の組み合わせを検討できます。

次回のスケッチ時の天気や気温の目安にするため、実際にどういうコーディネートで過ごしたかもメモしています。

●旅先の防災のページ

東日本大震災で身近な人が被害にあって以来、長期で旅行する場合には、万が一の避難場所などを調べておくようにしています。

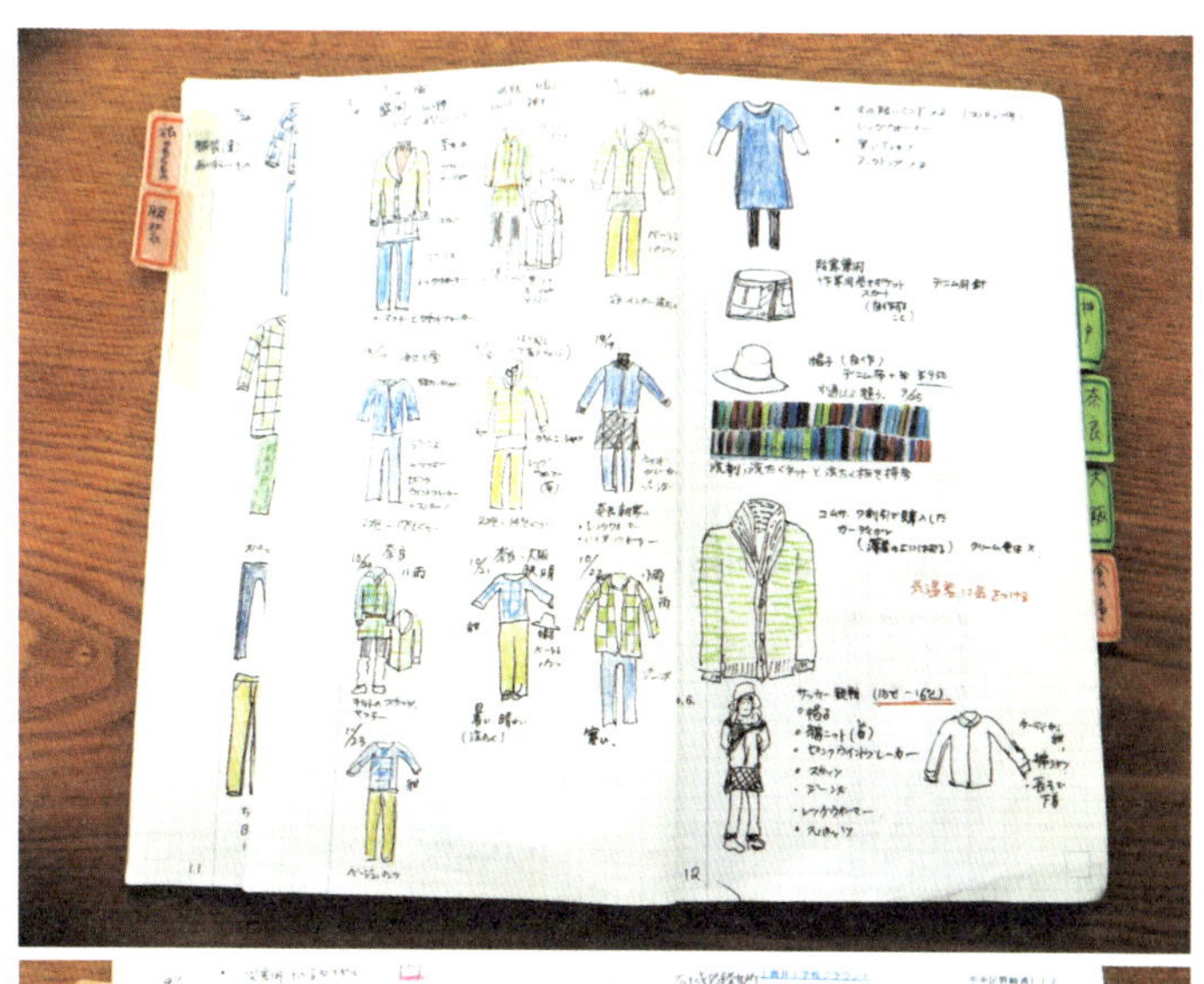

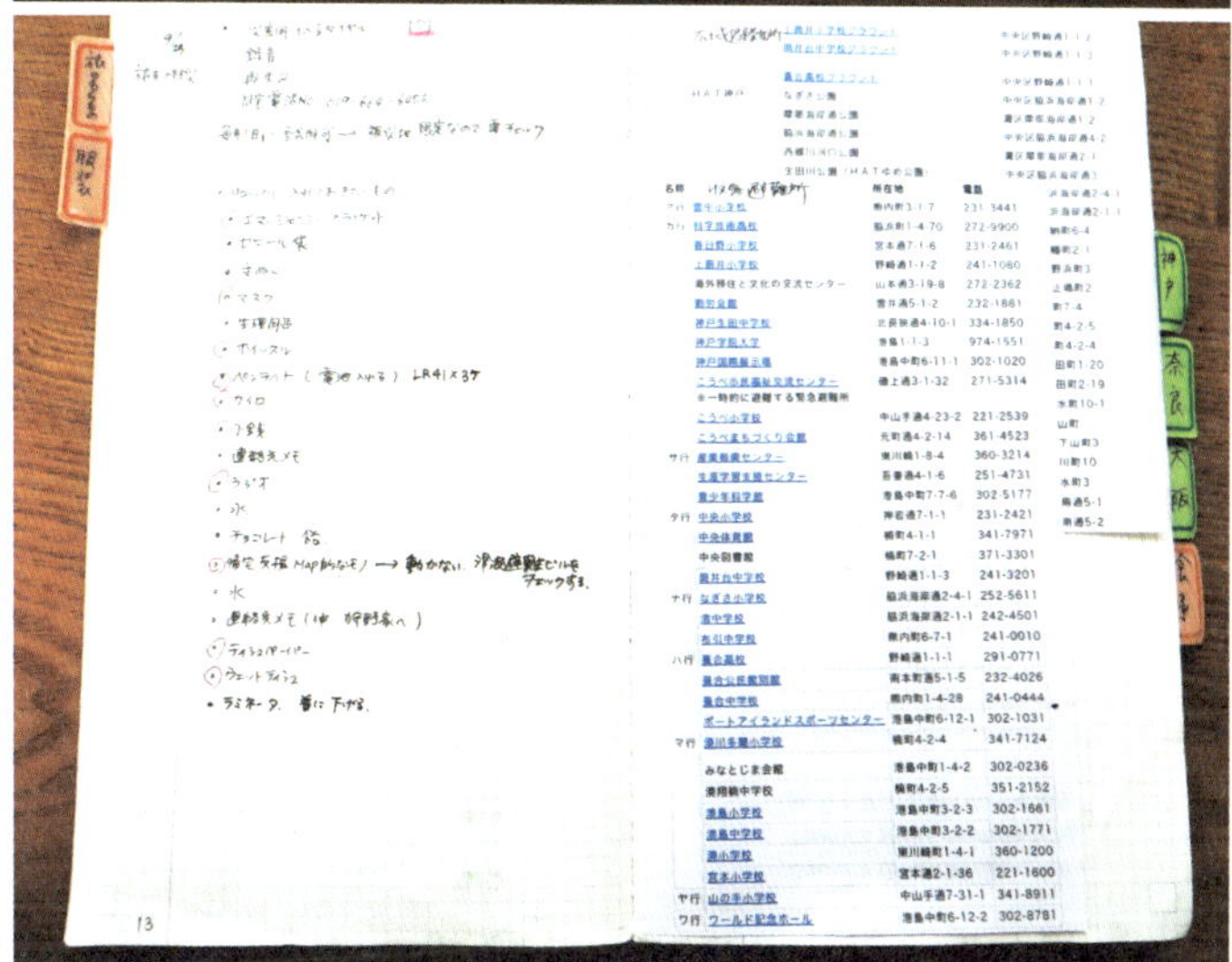

上から、持ち物とコーディネートのページ、旅先の防災のページ

● 旅先の資料のページ

スケッチのときは、あちこち移動をするので、観光のウェブサイトから得た情報や「食べログ」などを参照し、飲食店の候補をあげておきます。

iPhoneのアプリなどを利用することもありますが、電源消費を抑えたいので、手書きで事前に資料をつくることが多いです。

スケッチしているとすぐに時間が経ってしまうので、疲れる前に休憩を取ることを優先しています。

● 旅の食事記録や、自作のカロリー表

旅先だと栄養が偏ったり、普段と違う行動のために体調を崩してしまうので、旅行時に食べたものの記録も取るようにしています。

このときはひとり旅で、なるべく支出を抑えたかったので、エナジーバーなどを持参してホテルで食べたりしていました。

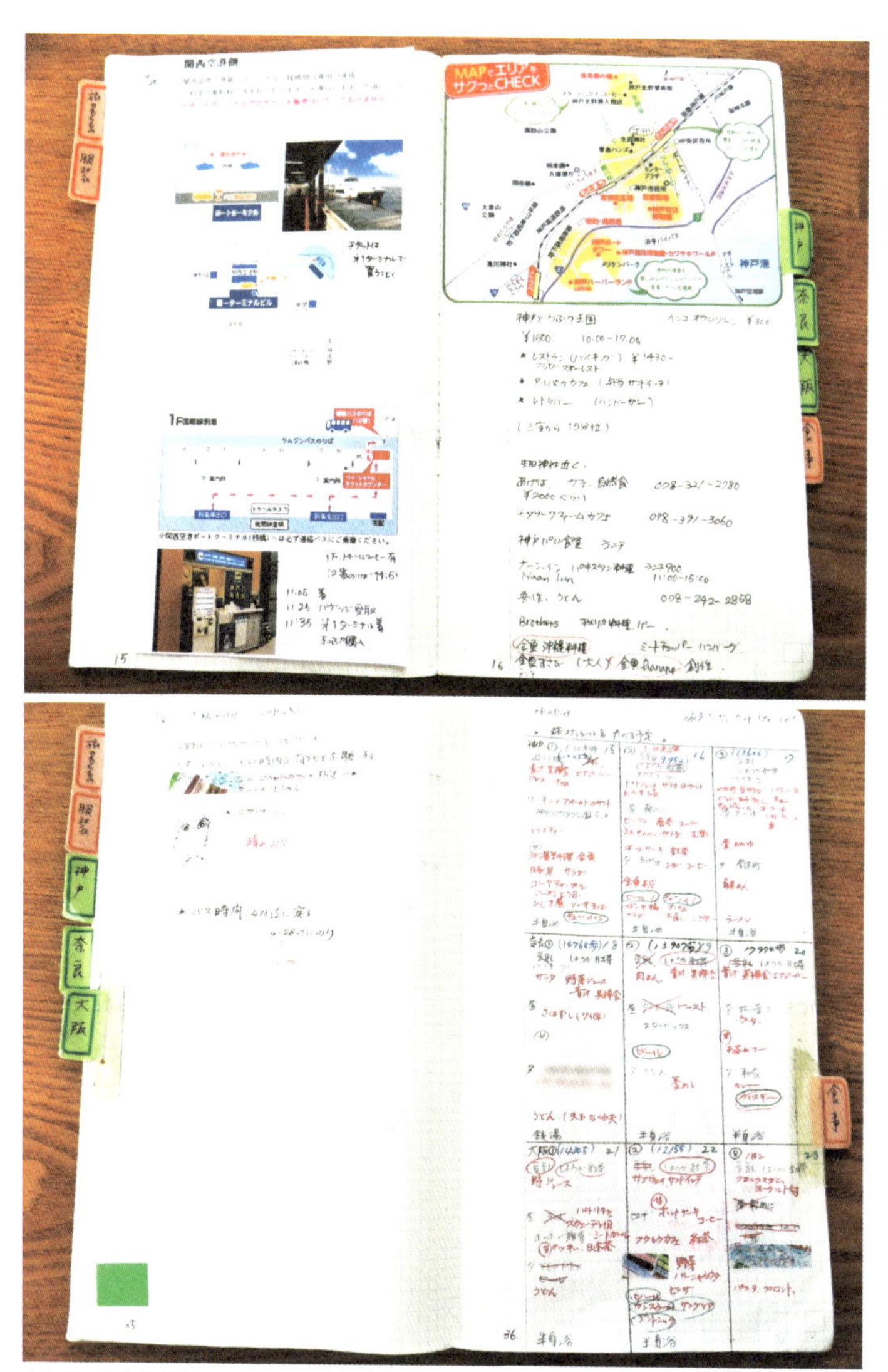

上から、旅先の資料のページ、旅の食事記録

●旅のメモ

実際の旅先でのメモです。人に見せるものではないので、自分が読んでわかればいいという感じなので、字が汚いですね……。

支出金額なども記入しています。

●旅の後始末のメモ

旅行後にやることリストを記入しています。

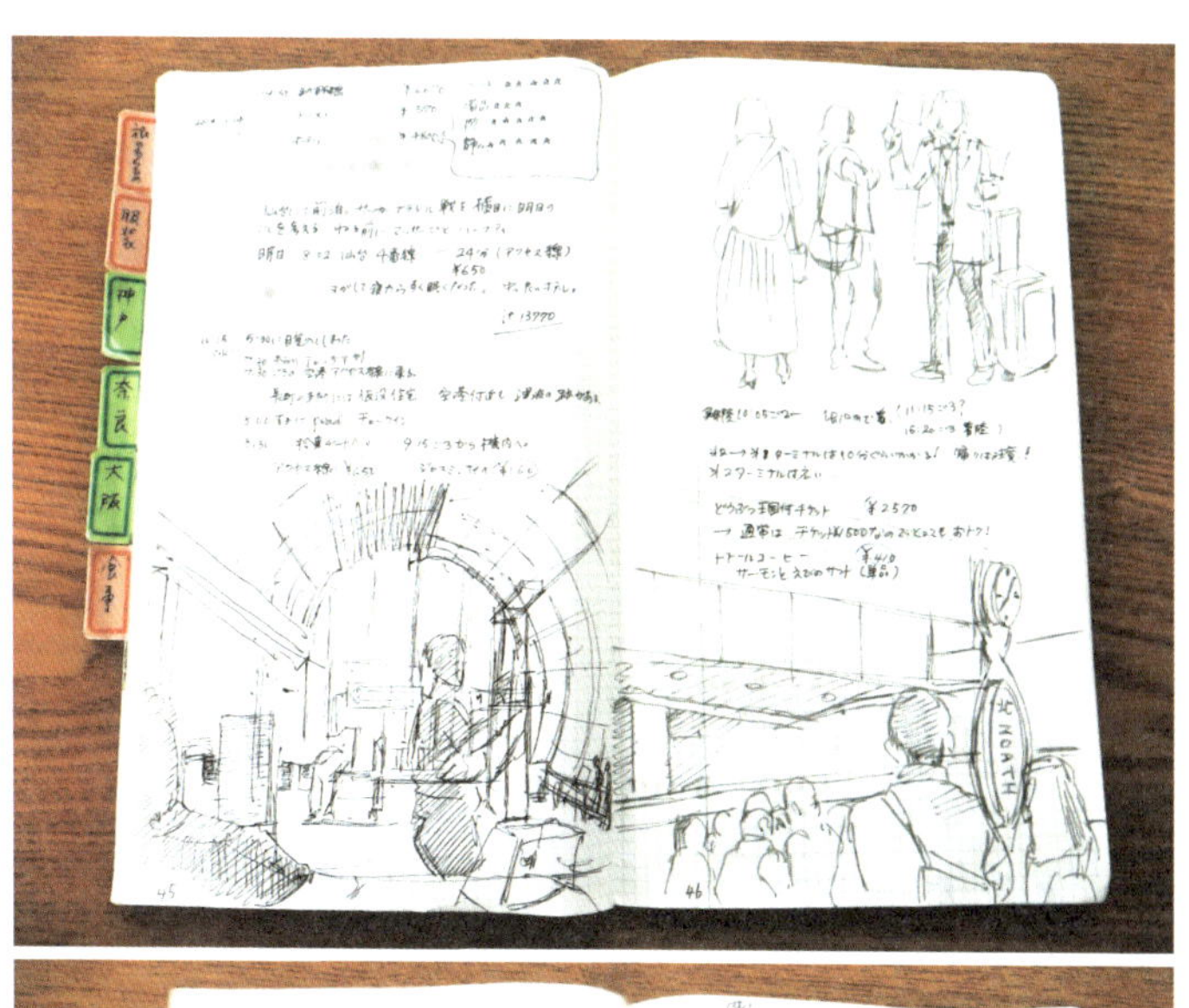

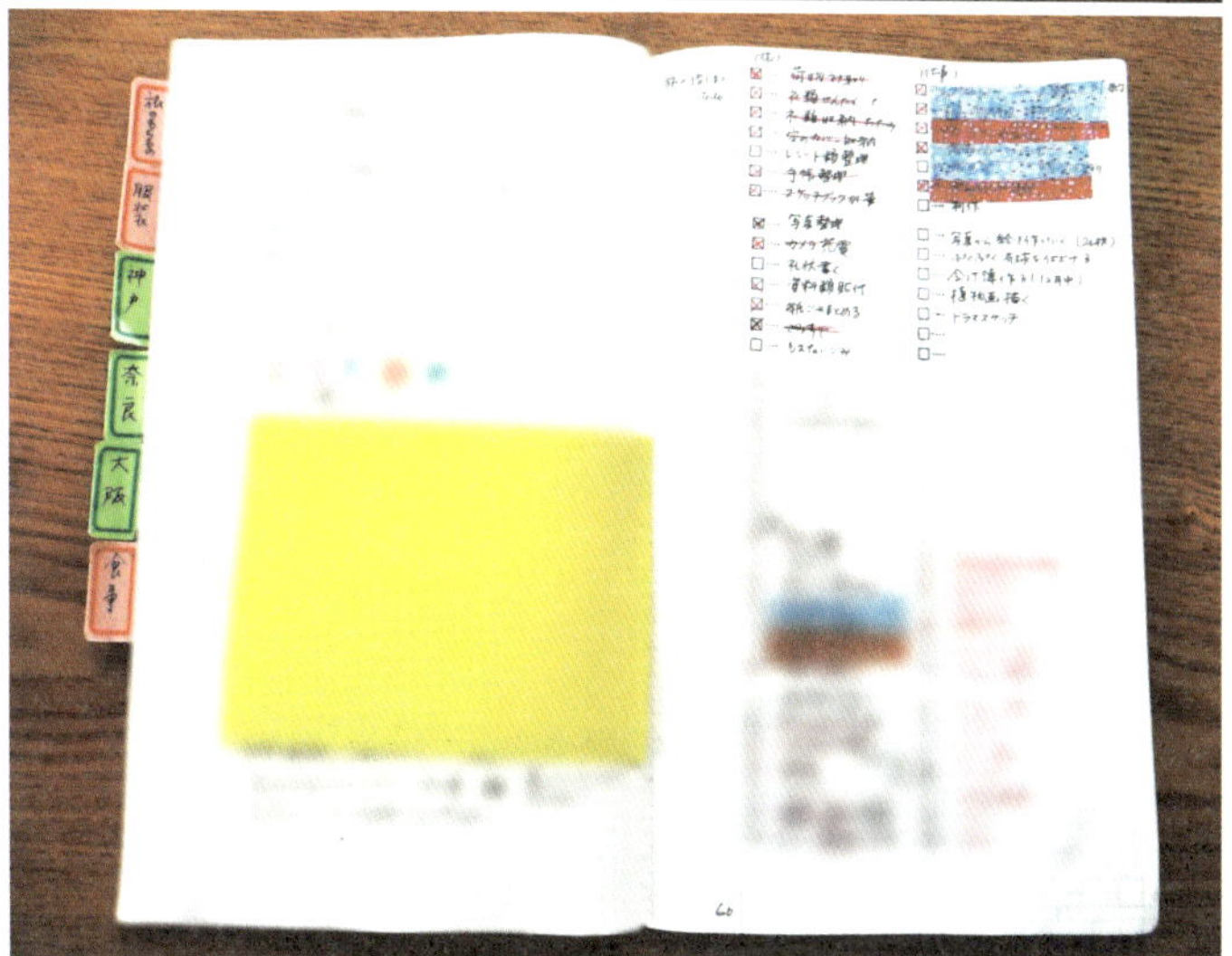

上から、旅のメモ、旅の後始末のメモ

表紙には、旅の期間や場所がわかるようにスタンプを押しています。
シールで隠れていますが、落とした時のために連絡先も記入します

no.04

でこっちさん

ツイッター：@decocchi_7134
Instagram：decocchi_7134
ブログ：deko9696.hateblo.jp
「#育mole」「#凸llection」で、毎日イラストを公開中。
モレスキンに書く育児日記が人気。

——バレットジャーナルをどのように使っていますか？

私は、システム手帳の「knoxbrainLUFT」を使っています。バイブルサイズは、持ち歩きがしやすい、机の上に開いたままでも邪魔になりにくい、というメリットがあります。

バイブルサイズは持ち歩きがしやすい

●マンスリーページ

システム手帳のリフィルで、各月のセットアップを行います。スケジュールは、ブロックタイプのマンスリーに書きます。4人家族なので、マスの四隅にそれぞれのイニシャルをスタンプしています。イニシャルスタンプの位置にイベントスタンプを押してスケジュールを書き込み、誰の予定かすぐわかるようにしています。

●デイリーページ

だいたい一日1ページ埋まるので、毎日新しい無地のリフィルに「日付シート」と「タスクスタンプ」（消しゴムはんこ）でセットアップしています。家事タスクや育児メモ、気になったことなど、とにかくなんでも書き込むようにしています。

家事タスクはトラッカーにマーキングしたあとで、育児メモは育児手帳に転記したあとで、取り消し線で消しています。

消しておいた方が、書いたメモなどを探すときに、余計な情報が目に入らなくていいからです。

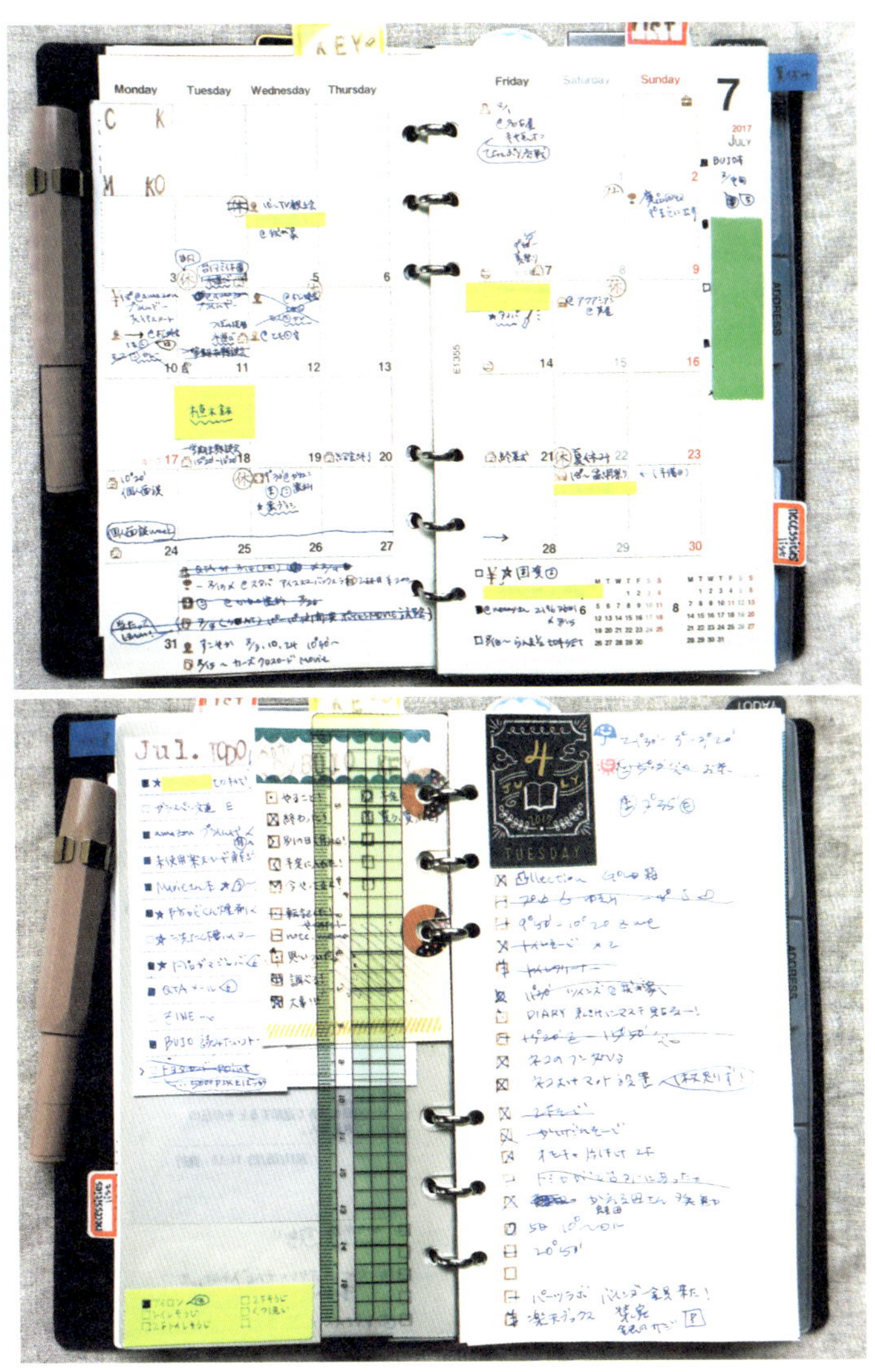

上から、マンスリーページ、デイリーページ
日付シート：enikkiiさん（Twitter：@enikkii_twi）

●ＫＥＹカード&月・週タスク

いちいちリングを開閉するのが面倒なので、ＫＥＹを書いた名刺サイズのカードに穴を開けて切り込みを入れ、いつでもつけ外しができるようにしています。

未完のタスクはタスク付箋に書いておき、インデックスシートに貼りつけて、こちらも移動させて使用しています。

これも、必要ないと判断した場合は、取り消し線で消します。

●緊急連絡先など

もしものときに連絡できるように、主人の携帯や子どもの病院などの電話番号の一覧表をアドレスリフィルに書いて入れています。

保護と補強を兼ねて透明プラスチックのポケットに入れることで、リフィルが傷みにくいようにしています。

上から、KEYカード&月・週タスク、緊急連絡先など

なお、週に一度書き終わったリフィルは、Davinciのリング径24ミリのシステム手帳に移行させています。

●MEMO

来年の手帳会議のマインドマップを描いたものです。

●洋服リスト

次男の未就園児クラスが週イチであるので、先週と同じ洋服を着ていかないようにしようと、その日の洋服をイラストで描いています。

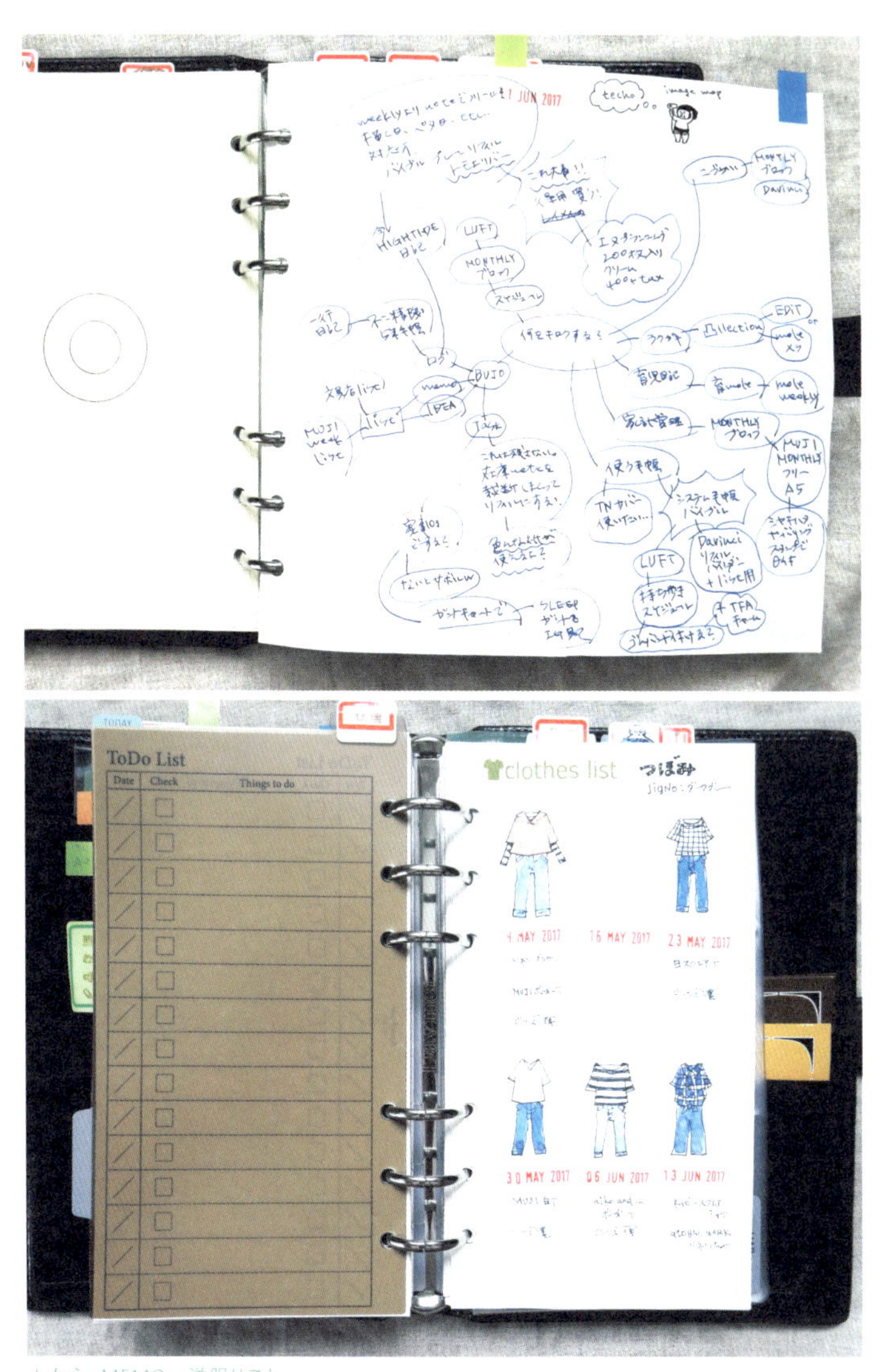

上から、MEMO、洋服リスト

●無印週間リスト

大好きな無印良品。会員対象のセールが年5回あるので、開催期間をメモしています。

大きなものはリストアップし、この時期にまとめて買うようにしています。

●ダイアリー

たくさん書きたい日や、貼りものがある日は、別のリフィルに日付シートとシャイニーの日付スタンプを押して書いています。

こちらには、ついつい買ってしまうマスキングテープやシールなどをできるだけ使うようにしています。

きれいに飾ったページは、見ていてとても楽しく心躍りますが、もともとのバレットジャーナルはとてもシンプルなものです。

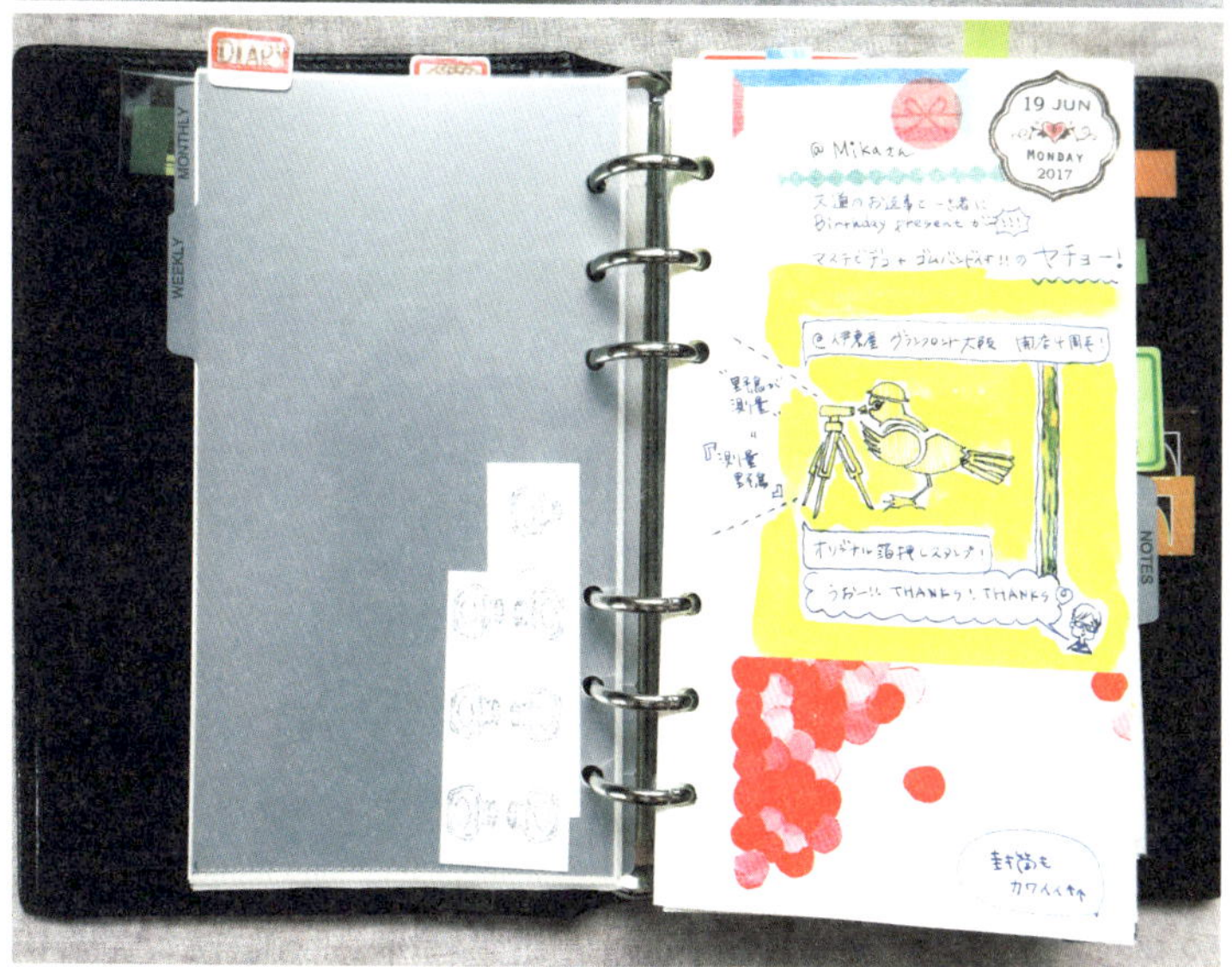

上から、無印週間リスト、ダイアリー　日付シート：キースさん（Twitter：@keiith）

私は面倒くさがり屋で忘れん坊なので、ただただ書き連ねるものにしています。

子どものことは別の手帳に転記していて見やすいので、自分のことも別のページにまとめようかとも思いましたが、同じ内容を二度書くのが面倒でやめました。

マーキングするなどして、少しでも見つけやすくする工夫をしたいな、とは思っています。

手帳を試行錯誤しながらつくっていく作業はとても楽しいです。

自分にぴったりの書き方が定まる日を夢見て、今日もバレットジャーナルを書いています。

DIARY
MONTHLY
WEEKLY
TRAVELER'S FACTORY in TOKYO STATION!
• BRASS TAG
• LETTERPRESS STICKER
TRAVELER'S FACTORY
The world for all the travelers who have a free spirit.
日本郵便
NIPPON
205
FUNABASHI
29
17.06.15
BIRTHDAY PRESENT でインクを…
NOTES

ダイアリー

Epilogue

バレットジャーナルをはじめて、いちばん私が変わったこと。

ノートに記録し続けることで、自分の中の何かが変わっただろうかとあらためて考えてみました。

よかったことはいろいろあるのですが、ひとことでまとめると、

「記録の中の『できたこと』を見ることで、自分の強みを知ることができた」

ということにつきます。

最初はうまくできずに悩んでいても、工夫を重ね、少しずつできるようになっ

ていく。

ノートにアイデアを書きつけて試行錯誤し、前に進んでいく。その過程の多くがノートの中に残っているのは、とても心強いものです。

ささやかなタスクであっても、それを「完了」して四角いチェックボックスを塗りつぶす瞬間、自分をとても誇らしく思えます。


バレットジャーナルという手帳術は、正直、特別に斬新なアイデアというわけではありません。これまでいろいろなところで語られてきた手帳術や生産性を上げるメソッドを基本とした、「どこかで見たことのあるような手帳術」なのかもしれません。

だからこそ逆に、使っている手帳やノートを選ばず、デジタルとアナログの境界も飛び越えて、多くの方にとって取っつきやすく、取り入れやすいメソッドになっているのだと思います。


私がトライアル&エラーを繰り返してきた実例がきっかけとなり、本書を読んでくださったみなさんそれぞれの暮らしにぴったりなアイデアが湧き出てくることを願っています。

最後まで読んでくださって、本当にありがとうございました。

参考文献

Bullet Journal公式サイト（http://bulletjournal.com）

How Ryder Carroll Designed Bullet Journal | Evernote Blog
（https://blog.evernote.com/blog/2015/08/03/how-ryder-carroll-designed-bullet-journal/）

ＮＨＫスペシャル「シリーズ キラーストレス」
（http://www.nhk.or.jp/special/stress/02.html）

「箇条書き手帳」でうまくいく
はじめてのバレットジャーナル

発行日　2017年10月15日　第1刷
　　　　2017年11月20日　第3刷

Author　Marie
BookDesigner　chichols
Illustrator　狩野直子

Publication　株式会社ディスカヴァー・トゥエンティワン
〒102-0093 東京都千代田区平河町2-16-1 平河町森タワー11F
TEL 03-3237-8321（代表） FAX 03-3237-8323　http://www.d21.co.jp

Publisher　干場弓子
Editor　三谷祐一

Marketing Group
Staff　小田孝文　井筒浩　千葉潤子　飯田智樹　佐藤昌幸　谷口奈緒美
古矢薫　蛯原昇　安永智洋　鍋田匠伴　榊原僚　佐竹祐哉　廣内悠理
梅本翔太　田中姫菜　橋本莉奈　川島理　庄司知世　谷中卓　小田木もも
Productive Group
Staff　藤田浩芳　千葉正幸　原典宏　林秀樹　大山聡子　大竹朝子　堀部直人
林拓馬　塔下太朗　松石悠　木下智尋　渡辺基志
E-Business Group
Staff　松原史与志　中澤泰宏　中村郁子　伊東佑真　牧野類

Global & Public Relations Group
Staff　郭迪　田中亜紀　杉田彰子　倉田華　李瑋玲　蒋青致

Operations & Accounting Group
Staff　山中麻吏　吉澤道子　小関勝則　西川なつか　奥田千晶　池田望　福永友紀

Assistant Staff　俵敬子　町田加奈子　丸山香織　小林里美　井澤徳子　藤井多穂子
藤井かおり　葛目美枝子　伊藤香　常徳すみ　鈴木洋子　内山典子
石橋佐知子　伊藤由美　押切芽生　小川弘代　越野志絵良　林玉緒
小木曽礼丈

Proofreader　株式会社鷗来堂
Printing　シナノ印刷株式会社

Cover Photo credit : ©Komkrit Noenpoempisut/Shutterstock.com

ISBN978-4-7993-2181-2